療癒時代

釋放壓力

戰勝慢性疲勞與集體焦慮

諮商案例×實驗研究×電影解析×職場觀察，
一場集體與個人的心靈復甦之旅

李世源 著

壓力調適

認知調節

日常策略

◎ 主管整天就只會否定我該怎麼辦？

◎ 如何提高抗壓性？我的抗壓性很低？

◎ 那些人存心害我，難道我不該生氣？

這不是一本理論書，而是認識並對抗壓力的「教戰守則」

貼近生活的諮商案例與日常大小煩惱，陪您一起探討如何因應壓力

目錄

推薦序

自序　探索壓力管理之旅的起點

第 1 章　每個人都在壓力之下尋找平衡

拒絕平庸，尋求生活的意義⋯⋯⋯⋯⋯⋯⋯⋯⋯⋯　014

員工與老闆的壓力大小⋯⋯⋯⋯⋯⋯⋯⋯⋯⋯⋯⋯　022

無壓力不等於無憂慮⋯⋯⋯⋯⋯⋯⋯⋯⋯⋯⋯⋯⋯　027

第 2 章　在動與不動之間尋找自我

生活在不確定性中的我們⋯⋯⋯⋯⋯⋯⋯⋯⋯⋯⋯　034

來自電話鈴聲的恐慌⋯⋯⋯⋯⋯⋯⋯⋯⋯⋯⋯⋯⋯　037

人生就如同俄羅斯娃娃⋯⋯⋯⋯⋯⋯⋯⋯⋯⋯⋯⋯　043

第 3 章　從林黛玉到女強人

理解大腦與壓力的關聯⋯⋯⋯⋯⋯⋯⋯⋯⋯⋯⋯⋯　047

大腦減壓的重要性⋯⋯⋯⋯⋯⋯⋯⋯⋯⋯⋯⋯⋯⋯　050

分擔痛苦，同舟共濟⋯⋯⋯⋯⋯⋯⋯⋯⋯⋯⋯⋯⋯　059

第 4 章　究竟是不是自找麻煩

主觀世界有標準答案嗎…………………………… 075

講述不同的故事…………………………………… 082

東方哲學與壓力管理……………………………… 099

第 5 章　人際交往的甜與苦

人際關係的雙面性………………………………… 110

解決「關係壓力」的方法………………………… 113

超越是非，尋求結果……………………………… 126

以「懷舊」減壓…………………………………… 144

第 6 章　掌控自己的情緒

追尋生活中的快樂………………………………… 154

深入探索情感的核心……………………………… 157

生活美好，我卻焦躁不安………………………… 166

嫉妒的夜晚與內心的壓抑………………………… 187

第 7 章　一切皆因不良個性

警惕職場「曹丕現象」…………………………… 197

不同人格類型，不同壓力感受…………………… 208

擺脫傾向僵化思考……………………………………… 214

百分百努力，但不預期滿分…………………………… 220

第8章　與壓力和解的藝術

不如以壓制壓，立即行動……………………………… 227

踩著自己的步調走出自己的道路……………………… 229

自我超越，迎接成果…………………………………… 231

第9章　結語 —— 工作中的心流體驗

擁抱挑戰，高峰經驗…………………………………… 244

與苦樂共舞，享受人生………………………………… 250

後記

推薦序

在我所有的學生中，李世源也許不是心理學學得最好的一個，也不是最聰明的一個，但算得上最能思索的一個。以九型人格分析他，他是 5 型 —— 思想型。5 型的人做事的動機是想了解和明白一切事物，並以此達到自我滿足。

市面上的情緒壓力管理類著作至少幾十種，但往往都過於專業與理性，讀者在理解和應用上就打折扣了。而本書最大的特色是鮮活，它更像「流行元素合集＋科學心理減壓」。不僅融合了職場和生活中多個鮮活的案例，更穿插了學員的留言紙條、詼諧趣事、網路小故事、俚語俗語、詩詞歌賦、民間諺語、流行歌曲、歇後語、時事新聞、今古對照等。豐富的流行元素讓這本書活潑有趣，兼顧了不同層面讀者的需求。

令我觸動的是，李世源把自己的內在也放進書裡，顯示出他真誠面對讀者的一面。不誇張地說，讀者可以在書中聽到他的心跳。無論是他拿自己開玩笑，還是把身邊人的故事放進來，都是自然為之。不是因為那些故事有什麼了不起和震撼性，我猜想他是在暗示讀者：「我教大家減壓的思想和方法，自己也在努力踐行。」

　　作者秉持著一個講師的社會使命感，努力傳播正向心理學的研究成果。誠如作者所言「壓力無法戰勝，只能管理。」大家從書中學到的不是一個個的「術」，而是一種讓自己更快樂、更幸福的管理思維。

　　人真正的壓力來自內心龐大的自我期待。這種「期待」是更高層面的痛苦。人們也只有在痛苦之後，才會重新思索生命的意義，才會達到一個撥開迷霧見晴天的新的精神境界。所以，誰痛苦誰成長。這些在書中都可以尋覓到作者探索的痕跡。

　　這是一本通俗易懂、活潑有趣的心理學著作，我很願意推薦給大家。

清華大學心理諮商中心主任　李焰教授

自序　探索壓力管理之旅的起點

我在工作快 20 年了。

30 年前，世界還比較「單純」，沒聽過「壓力」這個詞。

2014 年有一部韓劇，講一位都教授穿越 400 年時光來到今世，與一位女演員上演蕩氣迴腸、驚心動魄的愛情故事。

假設有一種穿越故事是這樣寫，一個人 30 年前得了一種怪病，不吃不喝，一睡不醒。今天他突然醒了，四處晃蕩，他還能認出自己的家鄉嗎？反而會有「少小離家老大回，吾鄉恍若是他鄉」的夢幻感吧？

世界發展太快，快到我們根本反應不過來就「噹啷」掉了進去。大腦的進化與經濟發展出現嚴重落差，各種剽悍的價值觀、文化漩渦和集體無意識，帶著巨大的脅迫力，令我們的精神無所適從。

於是，聽到一個聲音弱弱地呼喊：世界啊，你走慢一點，等等後面的靈魂。壓力山大，有人猝死，有人自殺；有人失眠，有人發瘋；有人夜夜加班，有人沒空休息；有人騷擾好姊妹，有人酗酒泡夜店；社群軟體上一片嚎叫發洩，商場裡擠滿了報復性消費者。

壓力像人人渴望已久的病——有壓力，他呻吟；沒壓力，他空虛。壓力大，累；沒壓力，慌。老闆不給你壓力，你好像沒了競爭力；老公不給你壓力，你覺得他三心二意；有病還不敢隨便請假，深怕位置被人代替。

一次一次熬到體力、智力和情感極限，在逼近底線的過程中抓狂⋯⋯壓力終於熬過去了，正常的生活倒像偷歡。

結局不外乎是：要麼你把壓力壓在身下，依然活蹦亂跳；要麼你被壓力壓倒在地，心力交瘁。

西格蒙德．佛洛伊德（Sigmund Freud）說，愛與工作是人生最重要的兩件事。

可是，列夫．托爾斯泰（Leo Tolstoy）100 年前就說過：「我們的一生都在為確保個人安全而焦慮，隨時為生計而忙碌，所以我們並沒有真正意義上地活著。」壓力管理是未來生活的常態。

每個人將如何安然度過這個集體焦慮的時代呢？人要承載一點使命，這是我精研這門課的第一個原因。

第二個原因是，我曾在外資企業做專業經理人，為報答董事長的滴水之恩，工作過度，壓力太大，導致嚴重掉髮。又攤上了一位肝火旺盛、脾氣火爆的直接上司，常常用語言暴力對我實施精神鞭策。有一陣子，我到了簡直沒辦法活下去的地步，為什麼做什麼都是錯呢？績效上去了，頭髮卻掉落了下來。

後來學習《道德經》，上司一開罵，我就默念「禍兮福所倚」；上司歇口氣不罵了，我再默念「福兮禍所伏」。反正罵與不罵，我都用辯證性思考保持一顆平常心。

　　現在做了企業講師、心理諮商師，對職場的種種壓力，我依然特別感同身受。

　　一次，一位學員問我，你整天講減壓課，自己壓力大不大？

　　我說不大，那是假的。自己沒壓力就很難上好壓力管理課。我的壓力主要來自體能消耗，上課畢竟也是很費體力。更大的壓力來自學員越來越高的要求，只要三分鐘講不到學員感興趣的點，大家就立刻低頭玩手機。真是極大挑戰。

　　多年前有一則新聞說：由於人壓力太大，很多職場人士出現了亞健康，即慢性疲勞症候群。幾家醫院的精神科每天就診患者絡繹不絕，結果把醫生都累成了慢性疲勞症候群。

　　可見，不但會久病成醫，也可能會久醫成病。幸運的是，我研究壓力管理，自然比別人多一些方法應對壓力。

　　「蝴蝶眨幾次眼睛，才學會飛行；夜空灑滿了星星，但幾顆會落地？」一本小書不可能有魔力，能「治百病」。心有所繫，為其所用吧。有心人，或許能把它當一張「心理人壽保單」，且終生不用續保。

　　今天，除了物質，還有什麼能平復我們浮躁的心靈呢？對怎樣走出精神危機，我也試圖在書中做一點點探索。

本書共分 9 章。

第 1 章講壓力是什麼、為什麼會有壓力。

第 2 章到第 8 章講面對壓力怎麼辦。

第 9 章是結語，回應開篇，總結並昇華全書。

書中案例主要是諮商案例、實驗案例、電影案例、職場案例、新聞案例、虛擬案例（故事）、自身案例和學員寫給我的紙條上的生活案例。

我把用在自己身上的減壓理念和方法融入書中，希望對讀者有益，也以此證明：人人自身都有資源應對壓力，人人都能做自己的減壓教練。

正向心理學（Positive Psychology）之父馬汀‧塞利格曼（Martin Seligman）說：當一個國家或民族被戰爭和飢餓困擾時，心理學的主要任務是治療心理創傷。但在經濟繁榮的和平時期，心理學的主要任務是幫助人們活得更加幸福、更有意義。

目前，我仍在繼續深造正向心理學，水準有待提升，謬誤難免，懇請讀者指明，本書如有機會再版的話，一定勘誤修正。

祝福頂著壓力繼續奮鬥的人們，身體越來越柔軟，生命越來越旺盛。

李世源

第1章
每個人都在壓力之下尋找平衡

拒絕平庸，尋求生活的意義

據我研究，有三種人沒壓力。

1. 死人。

2. 植物人（生命徵象正常但無思維意識能力）。

3. 混吃等死沒目標的人。吃飽了混天黑，明天死了自己也沒意見。渾渾噩噩，猶如行屍走肉。

後兩種人，自己沒壓力，卻把壓力轉給別人了。

如果不想成為這三種人，就要理性看待壓力。

壓力無時不在、無處不在、無人不有。這是經濟飛速發展打下的烙印，發展就要付出的代價。不可能有這麼一個人，上帝打盹時，把他漏掉了，讓他一生沒遇到任何壓力。

企圖過沒壓力的生活，這或許是一個不可能完成的任務。

怎麼知道一個城市壓力大？

看速食業。

速食業的發達折射了都市人壓力越來越大，好像不是在吃垃圾食品，而是在吃追求速度的觀念。

大家都盯死一個字：快。

一分鐘治療近視、三分鐘吃飯、七天美白、十四天減肥、兩個療程豐胸、一個月出書、半年成名、一年暴富。拚

命追求第一、激發獅子追羚羊、鼓動衝動消費、推行末位淘汰……這樣下去，總有人看不到後天的太陽。

速度觀念，把大家糾結成狗咬尾巴的壓力循環。

怎麼知道一個職業壓力大？

看菸酒消費。

我有個親戚，30幾歲，保險公司經理。我發現他這幾年收入越來越高，身體越來越胖，抽菸也越來越凶。起床就得乾咳半小時，臉憋得發紫，非咳出痰來不可，而且酒量也一點兒不比菸量遜色。

我問他：你是尼古丁成癮嗎？他說：不是，週末在家一天不抽菸也可以。又問：每天什麼時候你覺得必須抽菸呢？他說：開完早會。

保險公司開早會都做什麼呢？布置任務呀。

他認為抽菸可以緩解焦慮。他為什麼變胖呢？照理來說，業務這麼多這麼忙，應該愁得消瘦才是啊。其實不然。

心理壓力過大，幾乎身體的所有系統都會受到影響。比如由壓力太大引起的皮質醇濃度長期偏高，就可能造成慢性肥胖。我的親戚不一定是吃多了。

皮質醇是一種由腎上腺分泌的激素，這東西對人體也有好處，可以維持正常的生理機能，救人於危險。

怎麼知道大家壓力普遍大？

看飛機降落。

　　我作為講師，就像「空中飛人」。經過觀察，我發現每次飛機著陸尚未停穩，會看到三種人：急於開手機的人、急於解安全帶的人和急於拿行李的人。手機提醒的叮咚聲，安全帶解開的喀喀音，行李箱鎖扣撥弄的唰唰聲。空姐怎麼提醒也沒用。大家都好忙、好著急呀。

　　第一種人可能內心焦慮。

　　第二種人不能忍受一秒的約束。

　　第三種人深怕包裡的金條被別人下手。

　　飛機已是最快的交通工具，可有人還覺得不夠快，恨不得高鐵未來一小時跑 1,000 公里。坐地日行八萬公里，寧搶一秒，不等半分。一萬年太久，只爭朝夕。

　　快，就一定那麼重要嗎？我怎麼感覺上帝好像在說：你要是急著趕路，就早點回來吧。就像鄉下牆上的交通安全標語：天堂不遠，超速就到。

　　前面三種情況只是管中窺豹，上班一族又何嘗不是這樣？

　　職場競爭、經濟壓力、人際困擾、個性不良、健康受損，可能帶來生理、情緒、認知和行為四方面不適感。

　　諮商案例：

　　張某，男性，35 歲，已婚，大專畢業，某企業員工。自訴企業經常考核，工作任務繁重，覺得壓力很大。

　　三個月前因考核成績不佳，開始失眠，表現為入睡困

難，伴多夢易醒。躺下後輾轉反側，往往要兩三個小時才能入睡。睡後極易驚醒，輕微響聲都可以弄醒他。睡中夢境頻頻，內容多與日間工作有關，白天則昏昏欲睡，精力差，易疲勞，工作能力受到一定影響，有時甚至不能堅持上完班，自述只有躺在床上才略覺舒服，否則，頭昏腦脹、哈欠連天。可是，該睡覺的時候卻總是睡不著，心情煩躁，脾氣變差。自述記憶力和學習效能下降，一看書就心煩意亂，對所讀內容印象不深。

這是工作壓力造成的神經衰弱，是精神官能症（Neurosis）的一種。職場的壓力狀況著實令人堪憂。

說了這麼多，還沒回答什麼是壓力，用下圖解釋一下。

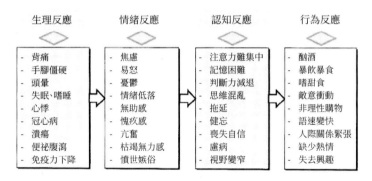

什麼是壓力？至今沒見過一個公知公信的解釋。

心理版：壓力（stress），是一種心理上被壓迫的感受，是促使一個人的精神、思想及軀體處於緊張狀態的條件。

通俗版：壓力是已實現目標與未實現目標之間的距離帶來的感受。

簡約版：壓力是人對需要額外付出的刺激所做出的適應性反應。

惡搞版：壓力是下雪天穿溼棉襖，穿著冷，脫了更冷。

好了，明白了壓力的常態化和普遍化，還得消除對壓力的六個誤解，才能更客觀全面地了解壓力。

第一個誤解：嬰幼兒沒壓力。

是嗎？嬰兒沒壓力，那剛一生下來為何哇哇大哭？本來躺在媽媽的羊水裡多麼自在，現在要出來迎接新世界了，這個世界好複雜呀。

嬰兒會餓會渴、會痛會癢、會熱會冷、會病、會自閉，還會產生母嬰分離焦慮。處理嬰兒的種種壓力比處理成年人的更加重要，假如處理不好，會影響其一生的身心健康。

孩子三歲了，該上幼兒園了吧？壓力馬上來了。現在上個幼兒園有多麼困難！

很多人只看到孩子的天真無邪、無憂無慮，這是不全面的。孩子同樣會有情緒問題，如孤獨、焦慮、愛發脾氣等，媽媽也會帶幼兒來做心理諮商。其實，孩子的負面情緒更應該得到積極關注和改善，否則會妨礙孩子的人格發展。

第二個誤解：睡著了沒壓力。

那不見得。夫妻倆正睡著，突然有一個說夢話了，高喊

初戀情人的名字，你猜後果會怎樣？

前面案例中員工張某「睡中夢境頻頻，內容多與日間工作有關」，他睡著了竟然還無法擺脫工作壓力。

夢境是潛意識的呈現。夢的自發性，從側面反映了張某的健康與精神狀況。

第三個誤解：皇帝沒壓力。

不是皇帝沒壓力，是我們不懂皇帝。

電視劇《漢武大帝》中，被稱為「毒手佛心」的一代明君漢景帝劉啟，臨死前對丞相竇嬰說：「你這個人啊，還真行！多少年來，你要跟人爭上什麼，總是你贏，總是你勝。你也不需要用上什麼心機。朕則不然，要想勝人家，就得用一些心機。不然，根本勝不了。有時候，心機我是用多了點兒。」

皇帝面對宮廷殘酷的鬥爭，他都說沒辦法，你我有辦法嗎？

皇帝有壓力，皇帝女兒呢？皇帝女兒不愁嫁，是，但也得看嫁誰。

西漢王朝跟匈奴進行幾十年的「和親政策」。什麼是和親政策？說白了就是把漢朝的公主嫁給匈奴首領，以換取邊塞烽火暫息。公主想去嗎？打死也不想去。可不去行嗎？不行。

皇帝對公主說：「你既然生在我們劉家，你既然姓劉，你就必須為我們劉家的江山社稷著想，懂了嗎？一人參軍，

全家光榮。犧牲你一個，幸福我漢家。今天你去也得去，不去也得去！你會名垂青史的，大漢人民永遠感念你。」

既哄騙又恐嚇，公主就走上了和親之路。

第四個誤解：**富二代沒壓力。**

富二代如果只想坐吃山空、奢靡揮霍，不想勞神操心接管企業，富一代首先就不會同意。不然，上對不起祖宗，下對不起員工，中間對不起自身。所以，富二代不是沒壓力，只是沒生存的壓力，他們有更高層次的壓力 —— 如何讓爸媽辛苦建立起來的企業基業長青。

第五個誤解：**家庭婦女沒壓力。**

男人把工作當戰場，女人把家庭當戰場。

為什麼有人《甄嬛傳》要看三遍？也許為了鑽研甄嬛的「後宮突圍法」。現在經營好一個家庭可並不比經營好一家企業容易。

像《金枝慾孽》這樣的肥皂劇，能吸引老中青三代家庭婦女雷打不動坐在電視機前，不洗碗、不拖地、不洗衣、不帶孩子，也要準時看電視。這是在緩減壓力啊。

第六個誤解：**退休沒壓力。**

想得美。退休只能說工作任務完成了，家庭任務才剛開始。剛好是決定孩子成家的時候，還要延續幫孩子帶孩子，以及孩子的孩子還要接著讓你養的問題。況且，你的養老金、醫療保險等都齊備了嗎？

兒女孝，你就笑。兒女不孝，你以為自己好命，會遇到電影《桃姐》裡的劉德華嗎？電影《姨媽的後現代生活》裡的姨媽，退休了還遇人不淑，碰上了周潤發扮演的老騙子，積蓄被騙光，一夜失去所有。

老人更大的壓力可能來自身體病痛和喪偶之後無盡的孤寂。

所以，上至皇帝，下至黃口小兒，大家都頂著壓力生活，誰也別想躲。壓力在每個人頭頂徘徊。

不能懷疑所有的美好，也不能拒絕承認現實殘酷。這是我們今天對壓力達成的共識。

員工與老闆的壓力大小

這是很多員工的普遍疑問。

我在課程中一直宣導兩個理念：第一，壓力是生命的常態；第二，壓力面前人人平等。

壓力是生命的常態，我們多少已經了解。可對於壓力面前人人平等，有人說實在不敢苟同。明明老闆的壓力就比我們員工小，這怎麼是平等呢？

課堂上我會反問學員，何以見得呢？

得到最多的回答是：老闆收入多，老闆資源多，老闆時間多，老闆不用自己工作，動動嘴指揮別人做就行了。老闆開開會、講講話、看看報、上上網、旅旅遊、喝喝酒、跳跳舞……就做完工作了。將所有壓力都壓在了我們員工身上，老闆還有什麼壓力？

假如把「老闆」換成「上司」、「高層」，意思也一樣。

還是透過一個心理實驗來說明吧。心理學家做了四輪「電擊老鼠實驗」。

第一輪：把兩組老鼠放在籠子裡，第一組老鼠整天無憂無慮地生活，第二組老鼠每隔 10 分鐘進行一次電擊。過一段時間檢測，哪組老鼠更容易高血壓呢？

第二組。每隔 10 分鐘電擊一下，老鼠情緒不斷地緊張

焦慮，血壓就上去了。

第二輪：還是兩組老鼠。一組老鼠每隔 10 分鐘電擊一下，另一組老鼠不定時地電擊。哪組老鼠更容易胃潰瘍呢？

第二組。因為定時電擊，老鼠心理有預期，慢慢適應了。而不定時電擊，一下長一下短，一下有一下無，摸不到規律，找不到節奏，情緒緊張使老鼠胃酸分泌異常，脆弱的胃腸黏膜組織受損嚴重。

第三輪：還是兩組老鼠。一組老鼠不定時電擊，另一組老鼠也是不定時電擊，但是籠子有一個開關，如果老鼠能趕在電擊之前按一下開關，就可以讓自己免受電擊，還能得到一些好吃的。哪組老鼠更容易心肌梗塞呢？

還是第二組。為什麼呢？因為沒開關的老鼠反正也沒辦法了，聽天由命吧，豁出去了。而有開關的就不一樣了，有開關就有辦法，有辦法反而壓力更大；有開關就有選擇，有選擇的比沒選擇的更緊張。老鼠也不清楚何時電會來，前爪不停地緊忙按開關，心臟就受不了了。

第四輪：依然是兩組老鼠。一組老鼠在籠子裡負責挨電擊，另一組老鼠負責在籠子外面按開關。如果外面的老鼠能在電擊之前按一下開關，就可以讓裡面的老鼠免受電擊，並且能得到更多好吃的。哪組老鼠更容易腦溢血呢？

是外面那組老鼠。有權力、有責任、有承擔的老鼠為什麼更容易腦溢血？這比較好理解。

回到現實想想，當你還是個普通員工時，你只要負責好自己眼前工作就行了，下班回家把手機一關，工作和生活就分開了。

可是，當你被提拔成幹部，哪怕只是管理 10 個人的小主管，情況馬上不同了。這 10 個人的職位配置、績效獎金、學習考核、技能提升、職業發展、喜怒哀樂，等等，從此都和你連結在一起了。你再也不能下班回家就關手機了，甚至要 24 小時開機。你雖然有了點權力，但團隊和組織的責任擔在肩頭了，不能經常「瀟灑走一回」。

此時，你就變成了籠子外面專門按開關的老鼠。

放大了再想，要是管理 100 人呢？ 1,000 人呢？ 10,000 人呢？需要的能力顯然不同，壓力等級自然也不盡相同。

老闆焦慮在於人才任用、策略規劃、市場占比、危機預測、風險管控、責任承擔、轉型升級等；員工焦慮在於工作時間長、勞動強度大、薪資待遇低、管理考核多、升遷通路窄、人際糾紛煩等。

老闆很多時候的確不用自己工作，動動嘴指揮別人做。可是，團隊裡各種都有，年齡、性別、個性、習慣、技能、思維、動機、理解力、責任心、價值觀各有不同。你看小劉反應慢、小張不聰明、小李不聽話、小王不細心、小孫太懶、小高太倔強、小毛太自我、小蕭太自私……管理他們比

自己工作還要累，還不如自己做呢！那種堵在心裡難受得要命的感覺，從沒做過老闆的人很難體會。

壓力的外表和內涵，對員工和老闆來講是不盡相同的。換句話說，老闆的壓力和員工的壓力屬於不同層級的壓力。不能僅用淌多少汗、出多少力、耗多長時間來判斷一個人的壓力程度。

說老闆壓力小，確實有點站著說話不腰疼。

這幾年來，社會菁英階層猝死、過勞死、自殺，政界的、商界的、文藝界的、科技界的、知識界的、媒體界的……英年早逝的名字可以寫出一長串。這些人哪個頭上不是頂著巨大的光環？哪個身上不是背著沉重的責任？哪個帳上不是寫著傲人的財富？

都說商場如戰場，其實商場比戰場更殘酷。戰場上打敗了還可以投降，商場上失敗了向誰投降？

很多富人賺了大錢沒有成就感，當事業不順時反而有更強的挫敗感。

這是個財富爆炸的年代，也是個財富不相信眼淚的年代，它耗損了整整一代人的健康。

我認為絕大多數老闆、上司、高管、菁英都承受著巨大的精神壓力。

有一次，我幫一家銀行職員上完課，支行行長請我吃飯。席間，三杯酒下肚，這位仁兄拉著我的手，面色潮紅、

大倒苦水：「老師，你別看我人前蠻風光的，說好聽的是個行長，很有面子！其實就是個大業務員。現在業務這麼難做，指標層層加碼。這個季度業績上去了，我是行長，下個季度業績如果下來了，我都不知道我能去哪……」所以，員工也要和老闆換位思考，看老闆不能「只看人前顯貴，不看人後受罪」。

回到本節開頭的觀點。

平等 ≠ 平均。壓力面前人人平等，不是說壓力對每個人是平均的。是說一個人享受了工作帶來的榮譽和收入，理應承擔相應的責任和壓力。不可能得到了高收入和高權力，卻幻想著輕責任和輕壓力。便宜豈能讓一個人全占了？

從這個邏輯來說，壓力面前人人都是平等的。

無壓力不等於無憂慮

我的意思是說，壓力不能解決，只能管理。

沒壓力，意味著沒目標，就無法激發動力，也不能開發潛力，更不能提高實力。沒壓力，人就容易空虛無聊、無所事事、渾渾噩噩、墮落沉淪。

沒壓力，本身就是最大的壓力。

為何這麼說？因為這喪失了積極的、有意義的行為。

多年前，我上高三時，因為考大學壓力太大，精神上實在扛不住，只好申請休學。剛休學那段時間天天瘋玩，開心得很。可三個月不到，人就悶得發慌，受不了了。後來主動提前結束休學，重新積極投入備考狀態。

諮商案例：

母親帶著上高一的兒子諮商如何戒除網路成癮，而這個男孩反過來讓諮商師去勸他的父母不要管他，說等自己玩夠了就不玩了。諮商師問，你什麼時候才玩夠呢？男孩說，不知道，反正會玩夠的。諮商師說了一通大道理，男孩反而不耐煩了，說，我父母有公司、有汽車，房子有三棟，我是他倆的獨生子，他們哪天走了，我一套房子自住，另外兩套出租，你就不用操心了。

諮商師在這樣的個案面前，基本上無能為力。原因出在

孩子父母身上，父母把孩子 50 年以後的路都鋪好了，孩子沒有方向和目標，找不到壓力，更找不到動力，這太令人憂慮。對於父母和社會來說，這不是最大的壓力嗎？誰知道這孩子今後能做出什麼事來。

報紙上曾有一則消息，記者採訪美國一位樂透大獎得主問，如果可以重來，你願意再得大獎嗎？老人痛苦地說，不願意！記者很納悶，天大的好事為什麼不願意再來一次？

老人說，我沒得獎前也是個百萬富翁，不是很缺錢。自從 7,000 萬美元獎金進帳，家庭就發生了可怕的變化。我的孩子變成了揮霍無度、好吃懶做的人，我最疼愛的孫女也輟學了，整天跟壞人鬼混，最後吸毒而死。如果可以重來，我什麼獎也不想得，只想我最疼愛的孫女能活過來。

壓力太大受不了，但沒有壓力也很危險。很多人認為壓力越小越好，最好沒壓力。這是違背事實和邏輯的。

人沒壓力，人也就徹底垮了。

甚至說，但凡有點出息有點成就的人，都是靠壓力成全的。

Pi 一家人開了一個動物園，但政局動盪，他們不得不將所有動物賣到加拿大，並在那裡開始新生活。中途乘船時，航船遇上了暴風雨，一瞬間就把航船吞沒了。Pi 被迫上了救生船，但他的家人卻在劫難逃。與他同行的是一隻叫理查‧帕克（Richard Parker）的孟加拉虎，他們兩個都

想殺死對方，但是又考慮到當前的處境，要互相依靠來維持生存。他們經歷了飢餓、勇氣的雙重考驗，還闖入了一個神祕的「死亡小島」，最終到達陸地。Pi 得救了，老虎也離開了 Pi。

這是電影《少年 Pi 的奇幻漂流》（Life of Pi）的故事概要。

誰成就了少年 Pi？我認為老虎和 Pi 彼此成就了對方。那隻老虎就如同工作生活的一切壓力，你我就像 Pi，壓力也會成就你和我。

現在有些老師還用「戰勝壓力」、「征服壓力」、「解決壓力」來誤導學員，我認為要謹慎思考。

人生來就不可能戰勝壓力，人類不具備戰勝壓力的能力。壓力管理不是迴避壓力源，更不是要消除壓力源。壓力管理也無法做到一勞永逸，而是一個理性科學的管理過程。

壓力是未來生活的常態，壓力管理是一生的必修課，理性認識壓力才能科學管理壓力。

第 2 章
在動與不動之間尋找自我

　　我們的生活已全面進入動感地帶，不淋漓盡致不痛快。大家被成功的步伐追著跑，企業實行競爭上位、末位淘汰，各種新技術需要不斷升級，家庭與工作難以平衡。

　　春有百花秋有月，夏有涼風冬有雪。若無閒事掛心頭，便是人間好時節。誰不想過這種神仙日子呢？可動感地帶停不下來啊。

　　這是個急遽變化的年代。誰不變，誰就會被淘汰出局。

　　我八歲時看過一部電影叫《瓦爾特保衛塞拉耶佛》（Walter defends Sarajevo），記住了其中一句臺詞：「空氣在顫抖，彷彿天空在燃燒。是啊！暴風雨就要來了。」

　　請問，誰能阻止心理壓力的暴風雨的到來呢？

　　暢銷書《誰搬走了我的乳酪？》（*Who Moved My Cheese ?*）只講一個字：變。

　　在人生的迷宮裡，想要最終享受豐美的奶酪，行為要像嗅嗅和快快，及早嗅出變化的氣息，並迅速採取行動；或者像哈哈，看到變化會使事情變得更好時，能及時調整自己去適應變化。而哼哼呢，就有點差強人意了，因為害怕改變而否認和拒絕變化，反而讓事情越來越糟糕。

　　電影《古魯家族》（The Croods）也是講「變」的故事。

　　原始人一家六口在爸爸咕嚕的庇護下生活。每晚看著夜空，聽咕嚕說同一個故事，在山洞裡過著一成不變的日子。

　　大女兒是個充滿好奇心的女孩，她不滿足一輩子留在山

洞裡躲貓貓，一心想追逐山洞外的精彩世界。

　　後來來了一個來歷不明的神奇小子，他憑藉超凡的創造力和革新思想，成為全家人的精神偶像，大有取代咕嚕之勢。

　　頑固保守的咕嚕，叛逆的大女兒，神奇小子，瘋狂的丈母娘，有點笨拙的弟弟，溫柔的媽媽，一起踏上了尋找新家園的變幻之旅。

　　這個世界的確有點變「瘋」了，可不跟著變的話，會更「瘋」。

生活在不確定性中的我們

我對壓力源（stressor）做了一個簡單的統計，能擺到臺面上說的約 110 多項，囊括了社會壓力、家庭壓力、工作壓力、經濟壓力、環境壓力、人際壓力、生理壓力、個性壓力、信仰壓力等範疇。

職場深層次的壓力源究竟是什麼？

某名校心理學系對某特大城市 3,000 多位上班族做了訪談調查，其中有一個問項對了解壓力很有價值 —— 職場壓力源排在第一位的是什麼？

不是婚戀失衡，不是人際不良，也不是角色衝突，更不是工作超負荷，而是對未來的不確定性，簡單地說：職業安全感匱乏。

「不確定性」好像說不清道不明，似乎是一種不安的情緒，有一種模糊的憂愁和擔心。

先講生活中的不確定性吧。

俗話說，不怕賊偷，就怕賊惦記。感覺賊可能會偷，但不確定他何時下手。不知道明天究竟會發生什麼，甚至不知道昨天發生過什麼。不確定性就會增加不安全感，造成一定程度的「退化」（regression）。

退化，意指受到挫折或面臨焦慮、壓力的狀態，放棄已

學到的比較成熟的適應方式，而退回到早期生活階段的某種行為方式，以滿足自我需求和欲望。

有一個男生，30 幾歲，大學畢業，人高貌帥，本是結婚生子年紀，卻因沒車沒房不想交女朋友。相親 40 多次，均不了了之。後來有房有車依然不想交女朋友，喜歡一個人宅在家看動畫，其實心理上還不能承擔作為一個丈夫和父親的責任。

這是一種讓人擔憂的心理退化。

不由自主的退化反過來刺激壓力源增強，往往會用「累」來表達這種不舒服。

再說婚姻吧，在過去叫終身大事，現在還像終身大事嗎？

以前說婚後七年可能遇到「七年之癢」。現在還需要七年嗎？我發覺有的人可能一年就癢了，甚至年年癢、月月癢、天天癢，擋不住還有沒事找癢的。

不確定性就是我們這個時代最鮮明的胎記。

今天，大家都沒想到——

行動支付、信用卡費要動銀行的奶酪；

LINE 會來瓜分電信業者的蛋糕；

大衛‧貝克漢（David Beckham）正為精緻的紋身洋洋自得，突然發現 3D 紋身來了，一夜之間他也落伍了。

什麼是不確定性？就是不能根據過往的經驗來判斷未來

某件事情發生的機率。

不確定的年代，只有不確定的事 ── 這是確定的。

來自電話鈴聲的恐慌

市面上賣一種減肥電器叫「甩脂機」，人站上去一通電，渾身像篩米一樣亂抖。據說可以燃燒脂肪，達到甩掉贅肉的效果。

我對這個機器的原理產生質疑：脂肪作為人體組織的一部分，如果能被成功甩掉而脫離人體，那麼，像血液內臟這些組織器官怎能倖免？人豈不是被甩得七竅流血了？

我只是拿這機器做個比喻。人要更能夠及時調整自己去適應各種變化。連動物都會根據氣候環境變化而做出調整。青蛙和枯葉蝶為什麼會有保護色？為了避敵保命。候鳥為什麼南飛？因為北方天冷了，食物缺少，要去食物更豐富的地方。

人雖不是被動插電的機器，既然甩脂機已來電，該去抖時就去抖。

每個職場人士都可能遭遇一個無法迴避的問題，在享受各種資訊和機會的同時，同樣也會感受到前所未有的職業危機感。今天，絕對的職業安全感已成「明日黃花蝶也愁」。

既然不確定性也是壓力的一種常態，面對企業大環境的變化，個人怎樣應對職場諸多的不確定性呢？有 4 個思路供參考。

思路調整一：理性看變化，適應並改善

1. 工作思維和體制會變

職業穩定性是個相對化的概念。如果你的老闆不是松下幸之助和稻盛和夫，不用「終身僱傭制」，那也不必一輩子在同一家企業做到終老。體制不同，工作思維也跟著變。日資企業也不是人人都想去的。

史蒂夫‧賈伯斯（Steven Jobs）經常把犯錯的員工往死裡罵，最後還趕人離開，蘋果的員工不也一樣活得很好？

像公務人員、大學教授、醫生等工作，也只是相對穩定，並非絕對穩定。就算工作穩定，主動砸掉金飯碗的也大有人在。

「穩定」一詞，是自己編造出來讓心理落差不要太大的藉口而已。

2. 組織的發展在每個不同階段會變

當得知你服務的企業要被其他企業併購，面臨大量裁員，你血壓能不升高嗎？有沒有「人為刀俎，我為魚肉」任人宰割的撕裂感？沒有，就不正常了。

世界上再受員工尊敬的企業，都會根據發展需要隨時裁員。誰又能阻止企業不按自己的狀態去發展呢？個人能做的是，如何讓自己永遠不在被裁的 30% 之列。焦慮著、適應著、精進著並改善著。

3. 個人職業週期在縮短

現在有的人換工作像換衣服一樣快，玩的就是心跳。

我爸媽那個年代，一家人在一個公司工作一輩子，父母退休後，子女馬上頂替進來，而現在有些人一年換三家公司也屬正常。

大家觀念和心態跟過去不同了，好像上班這件事不必總吊死在一棵樹上，要多找幾棵樹試試。尤其是八年級生和未來的九年級生，可選擇的機會太多，對組織的依賴程度越來越低。就算企業實行「終身僱傭制」，有的員工未必稀罕。

假如有些老闆信用度低，承諾後不兌現，員工還怎麼對企業忠誠？

思路調整二：不懼怕危機，不懼怕競爭

有一次，我在某企業上課，有位中年學員說自己最大的壓力是三個「怕」：怕培訓、怕考試、怕淘汰。我說，我也回應你三個「怕」：你是「怕學習、怕挑戰、怕競爭」。最後越怕什麼越來什麼。

事實很清楚，你不努力，別人努力；你不進步，別人進步；你不爭取，別人爭取；你不衝，別人衝。別人往上衝，你的資源被分瓜。競爭大，很累；沒競爭，很慌。二選一的話，怎麼選？還不如選累，選累會更安全。

我有個忘年交，75 歲了，退休已 15 年，玩遊戲、玩手機、玩電腦比我強多了，對新科技比年輕人還潮。

美國有一位家喻戶曉的「摩西奶奶」（Grandma

Moses），77 歲才開始學畫，是典型的大器超晚成。她在晚年成為美國最多產的原始主義畫家。她說：做你喜歡做的事，上帝會高興地幫你打開成功之門，哪怕你現在已經 80 歲了。

古人尚講「朝聞道，夕死可矣」。而現在一些員工，缺乏競爭意識，無精打采、老氣橫秋、未老先衰。知識老化，技能落伍，觀念跟不上趟。工作像條蟲，打麻將像條龍，下班飄得像朵雲。有些是體制問題，有些是體制下的個人問題。

就算遇到職業危機，也當它是好事。至少它在提醒你：需要改變了。好比臨床上說「十病九痛」，疼痛是許多疾病一大明顯症狀，提醒你「你的身體出現嚴重異常了，請立即就醫」。

沒有痛感，說明沒有知覺。好比骨癌病人化療後沒有骨痛感，恐怕已到晚期了，無可救藥。沒有痛感的病，才更容易被忽視，才更可怕。

心態上不懼怕危機和競爭，是遠遠不夠的，還要勇於改變、勇於行動、勇於堅持。

思路調整三：不期待單純的人際關係

我們現在總是跟美國人學情商管理，這其實有些問題。

人際關係是考量一個人心理能力社會化的重要指標，它是無法直接從書本上學習的「軟知識」和「軟實力」。

人際關係經營作為情商的要件，從一開始就帶有濃厚的東方風格。「東方人式的情商」需在獨特的文化背景下去領會和實踐，很難跟美國人說清楚。

職場和生活中的人際關係，歷來就沒有單純可言。在東方文化裡，「關係」它就是個費心思的難事，得刻意而為之。

劉禹錫說，長恨人心不如水，等閒平地起波瀾。

蘇東坡也說，知人心之難，江海不能喻其深，山谷不能喻其險，浮雲不能喻其變。

104 歲的智慧老人楊絳這樣描述人性。

在這物慾橫流的人世間，人生一世實在是夠苦。

你存心做一個與世無爭的老實人吧，人家就利用你欺侮你。

你稍有才德品貌，人家就嫉妒你排擠你。

你大度退讓，人家就侵犯你損害你。

你要不與人爭，就得與世無求，同時還要維持實力準備鬥爭。

你要和別人和平共處，就先得和他們周旋，還得準備隨時吃虧。

你看，人際關係，尤其是東方人的人際關係，多麼撲朔迷離。本書的第 5 章就是專門談人際關係的心理保護。

思路調整四：少關注負面資訊，多傳播正能量

現在大家都被網路「玩壞」了。關注太多的網路負面資

訊是造成不確定感的一個重要誘因。

　　社會越缺少正能量，越需要大家共同構建正能量。

　　現在負面資訊滿天飛，好像全世界沒有任何一個好人，弄得人心惶惶、思想混亂。人腦在進化過程中，本來就偏好關注負面資訊，某些人就利用這一特點，拚命製造和放大負面資訊。有的訊息一看就是惡毒的商業內戰，一旦我們轉發則成了別人的「砲彈」，也成了別人的「炮灰」。

　　假如大家瘋狂關注負面資訊，報紙發行量上去了，電視臺收視率上去了，網站點擊率上去了，大把鈔票進了人家腰包。而我們呢？則免費給人當槍使。

　　自己要有點主見，有點核心價值觀，有點主觀信念，別什麼負面都跟風，跟到最後把自己跟「瘋」了。一個人心在哪，能量就往哪聚集，就會放大那件事對自己的影響，這是心理強化。如同「不雅照」看多了，心理也不雅了。

　　多關注正面資訊才是好處多多，有助於提高幸福指數和工作效能。心理學有個實驗是這麼做的：隨機找 44 個技術等級相當的內科醫生，對一個複雜病例做臨床診斷。第一組醫生先得到一包糖果，第二組醫生先閱讀有關醫療行業的正面報導，第三組醫生是正常的控制組。結果發現，第二組醫生的臨床診斷最為準確。

　　這說明我們平時不但要少關注負面資訊，更要多關注正面資訊，尤其是自己行業內的正面資訊。

人生就如同俄羅斯娃娃

透過四大思路調整，對動態人生中諸多不確定性，我們有了更理性的應對方法。

在企業和組織裡，抱怨沒用，指責沒用，牢騷沒用，自己積極調整，以變應變、以動制動，才可靠。

沒有已經定局的人生。

人生很像一組俄羅斯娃娃，不到最後，你真的猜不出最裡面到底是什麼。只知道，每走一步，離真相更近一點，離目標更近一點。

有點篤定又充滿著不確定的生活，才能激發人最大的潛能。

完全確定和完全不確定，可能都不是我們想要的。

如果是完全確定的生活，就值得過嗎？不一定。

明代有本書叫《了凡四訓》，後來被拍成電影和電視劇了。

袁了凡 15 歲遇到了孔先生，一生的命數都被孔先生算定了。何時生，何時死，何時得意，何時失意，都有個定數，沒辦法改變。

後來袁了凡的 20 年每一步果然都沒逃出孔先生的算定，最蹊蹺的是孔先生說袁了凡終極命理是短命、絕後、

沒功名。

　　這種被人算定又完全確定的人生還有意義過嗎？袁了凡想不通。

　　後來袁了凡幸遇雲谷禪師，老禪師面授袁了凡一個系統解決方案：立命、改過、積善、謙德。袁了凡依法行願。到後來，求富貴得富貴，求子嗣得子嗣，求長壽得長壽……求什麼得什麼。

　　今天，你還想做 35 歲前的袁了凡，一生的命理都被別人算定嗎？

　　不確定，才有機會，才有空間，才有未知，才有驚喜的可能。

　　福雷斯特‧甘（Forrest Gump）說過：「生活就像盒子裡的巧克力，你永遠不知道下一塊是什麼味道。」我 14 歲讀《福爾摩斯探案集》（*The Complete Sherlock Holmes Collection*）就被一句話震撼了：「一切的可能都被推翻，唯一的不可能，就會是答案。」

　　壓力有時就像很多很多的「不可能」，它們團結在一起圍堵我們，成為我們尋找答案的障礙，也成為我們找到答案的機遇。

　　學會把不確定的東西變成你需要的「可能」，你就會感謝更多的「不確定」。

第 3 章
從林黛玉到女強人

人真的不可以做到「零壓力」，壓力也不會從我們的大腦和身體裡完全消失。

開創佛教的釋迦牟尼捨棄王位，一個人跑到大山裡苦修 6 年，不食人間煙火。修什麼呢？想修掉心中種種的「苦」，這些「苦」就是我們今天認為的「壓力」。他修得實在過於刻苦，最後瘦得只剩皮包骨，前心貼後背，暈倒在荒野。若不是一位牧羊女發現了他，用半碗羊奶餵他喝，他早就沒命了。可見，苦修也解決不了壓力問題。

理解大腦與壓力的關聯

心理在腦不在心。我們對「心」有個普遍性的誤解。

比如大家平常說「你心裡怎麼想的？」、「祝你心想事成！」、「她做事很用心啊。」、「我的心很累！」，心作為人體器官，是沒有神經的，它無法「想」，無法「用」，也無法「累」。人的「心」只能存在於大腦。

喜怒哀樂、悲歡離合、幸福痛苦，我們以為是用「心」感受到的，其實全由大腦感知。

我有時也會對這個時代產生許多問號。

比方說，與漫長的古代及 60 年前比，我們不需要擔心饑荒、戰爭和瘟疫，也沒聽過哪裡餓死人，更不用像武松一樣隨時準備和惡虎對掐。

冬天有暖氣，夏天有冷氣，一年四季在舒服的恆溫中工作，無需和嚴寒酷暑鬥爭。

啤酒有十幾個品牌，泡麵有幾十種口味，到 500 公尺外的超市買東西還要開車去，電動刷牙讓人都不用親自動手刷牙了。醫療條件大好，人均壽命更長，到處都是百八十歲的老人……

按理說，人應該更舒坦更自在才是，可人的壓力怎麼偏偏就越來越大了呢？日本有位學者叫有田秀穗，研究腦科學

30 年，他認為人們現在的壓力越來越「高級化」了。疼痛、搔癢、飢餓、僵硬、冷熱、痙攣、疲勞、失眠雖然是身體的不快感，但大腦都是當作壓力來處理的。

現在更多的壓力是大腦發達的人類才具有的，稱為心理壓力或精神壓力。動物無法感知人腦特有的這種「腦壓力」。

舉幾個例子吧。假如 ──

你的好姊妹嫁給了一個有錢人，而你還在跟一個在基層工作的人苦熬，終日為基本需求苦惱。你心裡是什麼滋味？

有一個同事，你一見他就生氣，可他偏偏總在你面前徘徊。你有什麼感受？

你在捷運上好心讓座給一個老人，他瞪了你一眼：「我還沒那麼老吧？！」你感到不勝唏噓。

你女朋友與你分手，另選他人，明知情敵比你優秀，你還能淡定地嚥下這口氣嗎？

你對婆婆像對親媽一樣好，可她只當你是媳婦而已，還時不時來點語言冷暴力。你不會覺得舒坦吧？

這些只有大腦發達的人類才感到的壓力分別是：酸溜溜的壓力、冤家路窄的壓力、不被別人致謝的壓力、事業平平無法展現抱負的壓力、回報小於付出的壓力、經濟上的壓力。

有田秀穗認為，壓力會導致大腦血清素（serotonin）分泌量減少，要想增強大腦的抗壓性，就得有意識地鍛鍊血

清素神經。腦內血清素濃度增加，就會對壓力視而不見。

別人有背景，我只有背影；別人長得像校花，我長得像笑話；別人去旅遊，我只能夢遊；別人拿年薪，我拿欠薪……

這些客觀存在的壓力，你很難在短期內靠主觀去迴避，也不能像澳洲鴕鳥一樣把頭插在沙子裡掩耳盜鈴。

怎麼辦？鍛鍊血清素，也許是管理「腦壓力」最划算、最環保、最省心的辦法。

大腦減壓的重要性

以林黛玉作為範例來說。

林黛玉小姐出生於 1707 年（丁亥年）農曆二月十二，雙魚座、神經質人格、內向敏感、想像力豐富、才華過人。

林黛玉放在今天的職場，很難適應高節奏高壓力的競爭。而職場達人杜拉拉，社會適應性相對更強。一部《杜拉拉升職記》，從小說到電影到電視劇，一路紅到現在，成為職業生涯發展的好教材。

能不能把林黛玉變成杜拉拉呢？

可以，但有難度；有難度，但可以。

你喜歡哪個答案？

我喜歡第二個。

「但是」後面往往才是說話的重點，第二個答案對結果更肯定。

我曾把壓力管理的大方向總結為「12 字法則」：身體好、能力強、心態正、支持多。

一個人具備這四項條件，大概很難被壓力壓垮。

身體好：科學鍛鍊身體，持續增強體能，提高免疫能力。

能力強：工作能力順應時代和公司要求，不斷更

新升級。

心態正：正念正思維，盡力而為，又要保持一顆平常心。

支持多：社會關係完好，遇到挫折有人甘願伸手來幫忙。

身體好排在首位，這是管理壓力的硬體。俗話說：打鐵還需自身硬，抗壓也要體質好。

林黛玉首先在體質上就輸給了杜拉拉。

再不妨 PK 一下他們的綜合心理狀態。見下圖所示。

林黛玉跟杜拉拉看來不是差一點兩點，一定有改變的難度。

接著談談血清素。

血清素還有兩個遠房表親，一個叫是治療失眠的褪黑激素（melatonin），還有一個叫多巴胺（dopamine）。

血清素是體內產生的一種神經傳導物質，好比大腦的無線網路，借由上網達到減壓的效果。

比較項目	林黛玉	杜拉拉
原生家庭	貴族(大家閨秀,賈母的外孫女)	平民階層,無任何背景
學歷	國家級專家(琴棋書畫,樣樣俱佳)	專科(自學成材)
專業	專業詩人,以寫葬花洞聞名遐邇	人力資源(菜鳥級起點)
外貌	稀世俊美,絕代姿容	普通
個性	悲觀消極,敏感多疑,小肚雞腸,愛生悶氣	心態良好,被上司Rose臭罵搶功也不記仇
氣質	憂鬱	樂觀自信
安全感	缺乏安全感。只認寶玉一個人,忙於對付寶哥哥身邊的各種妹子	和男友發展「辦公室戀情」,奉行「越危險的地方越安全」
體質	肺結核,慢性疲勞(終日藥不離口)	每天下班不坐電梯爬樓梯,練就好身體
抗壓性	很弱。敏感自卑,以孤傲反向表達	很強。靠主動承擔贏得主管青睞
常態情緒	無理取鬧,吃醋並憂鬱	忙並快樂著,煩但不悶著
團隊精神	孤獨一匹狼,不喜歡融入團體	主動合群,獨樂樂,亦眾樂樂
認知態度	得理不饒人	就事論事,公司目標第一,目標導向型
自我效能感	很低。因「提帕定情」,五內沸然,渾身火熱,一病不起	很高。兩年菜鳥變達人,取代上司,找到優質男友,做到世界500強HR經理
就業方向	建議做網拍,自產自銷「黛玉牌」	適應企業競爭生態,未來也有可能成為CEO

　　血清素的職責就像一支交響樂團的指揮,它是靈魂,是將大腦的想法做成成品的設計者。

　　一個強健的、血清素含量高的大腦,看上去就像一個都市電話網裡密密麻麻交錯的電話線,工作效能又快又好。而一個老化的、血清素含量少的大腦,看上去則像一個偏遠鄉下電話變電站的配線,稀稀落落,有時還會短路。

　　很多心理健康問題與大腦血清素濃度低有關,如果血清素濃度進一步下降,還會引發憂鬱症。

　　血清素的另一個功能是幫助降低痛感,這可以解釋為什麼 45% 的憂鬱症者同時會伴有各種生理疼痛。

知道了鍛鍊血清素的作用和目的，林黛玉怎樣做，才能接近杜拉拉的抗壓水準呢？具體方法有五類。

一是有節奏地運動

以林黛玉咳嗽一聲都會岔氣的體質，運動起來不可能一點都不累。運動本身也會疲勞，疲勞也是一種壓力。但是，當運動感到累的時候，就會出現反作用。

運動效果的漸進模式是這樣的：運動→流汗（生理釋放）→疲勞→極累→洗澡→輕鬆→舒服（精神釋放）→滿足感。

況且，主觀上可以控制到不感覺痛苦的程度，目的只是要血清素透過運動而活性化。講究科學運動，而不是一步到位。

適量科學的體育運動，是一件投入就一定有回報的事。哪怕有節奏地咀嚼口香糖，也是不錯的活性化運動。

二是晒日光浴

為了當個白富美，林黛玉大概很怕晒太陽。「書中自有顏如玉」真是害人不淺。太陽光，特別是早上的太陽光對血清素的活性更有效果，每天 5 到 10 分鐘即可，這叫「光照療法」。

想一想，種地的農民很少得憂鬱症，與晒太陽恐怕有很大的關係。

太陽關乎心情。明亮的光線有助於血清素濃度提高，增

加日照時間對身體分泌血清素非常必要。

全球目前至少有 3.5 億人正受憂鬱症困擾。

談到憂鬱症，比利時這個國家比較典型。

比利時全國人口在 2013 年僅 1,110 萬，而據統計，2014 年憂鬱症人口高達 150 多萬，相當於 100 人中有 13 個憂鬱症。

聽說在比利時，誰沒吃過抗憂鬱藥，就等於沒看過豬跑。

因為比利時屬於溫帶海洋性氣候，每天日照時間很短，總是沒完沒了的陰雨天。就算天氣好的夏天，一天最多也只能見到三四個小時陽光。7 月本該是最熱的季節，可布魯塞爾大街上還可以看見很多人穿羽絨衣。

但凡遇到晴天，布魯塞爾萬人空巷，很多人都跑出來晒太陽，見太陽如同久別重逢的親人。

不過，血清素也有個問題，就像電廠發出來的電一樣，是不能儲存的，次日又重新歸零。所以，晒太陽要是個持續的習慣，血清素才能及時補充到位。

現在有人提出要治療心理霧霾。我覺得活化血清素，晒太陽就是治療的第一步。

三是多參加團體活動

和人多接觸，主動融入組織和團體，是林黛玉活化血清素的又一途徑。

有節奏地運動和晒日光浴，一個人就可以完成。但團體活動，就必須跟別人互動了。

林黛玉不喜歡團體活動，有時還把氛圍搞砸。

她生活範圍狹窄，命運將她和賈寶玉緊緊連在一起。甚至可以說，她就是為了寶玉而來到這個世界的，上帝之手往她身上貼了張標籤——「寶玉附屬品」，她的笑顰悲喜無不因寶玉而生、無不因寶玉而滅。

忽然有一天，劉姥姥闖入大觀園，帶給大觀園不一樣的風景和笑聲。太太小姐丫鬟們都因為這位姥姥的到來，歡喜異常，感覺比往日裡看戲還要熱鬧。

戲，畢竟是假的，唱得再好，自己也只是觀眾。而在以劉姥姥為主角的這出「喜劇」裡，各位太太小姐丫鬟不僅是觀眾，還是演員，大家都積極參與到其中，扮演著各自不同的角色。

唯有林黛玉不以為然，小肚雞腸，舊病復發。劉姥姥飯量驚人，「老劉，老劉，食量大如牛，吃一個老母豬不抬頭」。林黛玉不知源於什麼心理，出語尖酸刻薄，奚落劉姥姥是「母蝗蟲」，明顯有歧視草根之嫌，缺乏團隊意識，掃了大家的興，把集體氛圍弄糟了。

而杜拉拉就不同了。公司頒布「泰國獎勵旅遊」，她和所有同事都能打成一片，包括情敵伊娃，忙前忙後幫大家張羅；闖禍打碎商家的花瓶，和上司王偉伺機逃跑，一路狂奔

到海灘假扮情侶，處處顯示了杜拉拉的高情商和高適應性。

專業的團體活動本身就有諮商和療癒作用。

美國電影《鬥陣俱樂部》（Fight Club）裡有很多這樣的團體小組活動，幫助人治療強迫症、焦慮症、恐慌症、憂鬱症。一名心理學系教授說：「團體對一個人的成長與發展有著重要影響。因為人是社會動物，人必須作為團體的一分子，需要和期待才能得到滿足……尤其是當人碰到困難徬徨無助時，團體往往發揮了助人的功能。」

如果得不到那麼專業的訓練，融入團體可以更生活化一點。

和家人一起散步吃飯看電影，主動傳訊息或打電話給家人，互送小禮品，與好姊妹聊天逛街，跟知己去酒館喝幾杯，即使是在大街上看熱鬧……作用是相通的。「此情無計可消除，才下眉頭，卻用心頭」。我認為都是在為固守愁城找藉口。

四是多與人有身體接觸

擁抱是世界上最美的語言。

多擁抱，與所愛的人多擁抱。

心理實驗表明，自願而美好的擁抱，會讓身體產生催產素（Oxytocin）。催產素是人與人親密關係的起源（男人同樣有催產素），它可以降低人的防衛心和恐懼感，提高對他人的信任。當人體催產素含量上升時，隨之會釋放大量的

DHEA（脫氫表雄酮），DHEA 被稱為「荷爾蒙之母」，它可以延緩衰老，可以抗壓減壓。

有首流行歌曲唱道：「抱一抱那個抱一抱，抱著那個月亮它笑彎了腰。」把月亮抱彎了腰，那是個比喻，把催產素抱出來是完全可能的。

人首先要學會愛自己的身體。不熬夜不貪食，睡飽但不吃飽。有空敲敲經絡，每次洗澡都認真地撫摸身體，跟自己的身體感性對話 ——「你這麼多年跟著我，真不簡單啊！」

現在有些年輕人不就業也不創業，天天宅在家，跟虛擬的網路互動。手指越來越長，舌頭越來越短，不會和人面對面溝通了。真讓人擔心。手裡捧著手機，耳朵塞著耳機，一副世界唯我的樣子。一些紀錄野生動物的節目中，動物之間互相梳理毛髮，就是一種典型的撫摸活動。而人與人肢體接觸、氣息相通、目光交匯、氣場融合，是網路不能替代的。

林黛玉和賈寶玉就是太缺少擁抱了。林黛玉要向張惠妹的歌學習，分手了還大膽提出心理訴求：我可以抱你嗎？寶貝，讓我在你肩膀哭泣。

五是多元組合，多管齊下

1. 想辦法讓自己縱聲大笑

看肥皂劇、看豆豆先生、看娛樂節目、看搞笑影片而縱聲大笑，叫「大笑療法」。開懷大笑有助於啟動體內自癒力機制，這是心理康復不可或缺的原動力。人在觀看喜劇一小

時後，NK 細胞（自然殺手細胞）的免疫細胞比觀看前增加了 58%。

2. 獨自去旅遊，跟陌生人說話

旅遊是一種似團體又非團體的行為，也不失為活化血清素的好辦法。旅遊並不是非得跟一群人一起。對平時喜歡宅的人，也可以獨自去旅遊。暫別網路，淡化防範，迫使自己主動與陌生人互動。

旅遊是什麼？旅遊說到底，就是和陌生人說話。

分擔痛苦，同舟共濟

　　從以下八個方面，我們會系統了解到流汗流淚與大腦減壓的關係，這八個理念包含了八類方法。

　　1. 多流汗多快樂

　　大腦壓力管理離不開流汗和流淚。流汗，盡可能多地流汗，和流淚一樣，具有很好的減壓作用。

　　借助流汗和流淚減壓，就等於給大腦加了一個外掛功能。

　　先講流汗。

　　「多流汗少壓力」，本來是個常識。流汗的形式不拘一格，可以是前面說過的節奏性運動流汗，也可以在汗蒸館三溫暖裡流汗，哪怕是被辣得流汗，也能造成效果。

　　如果是被嚇得冒冷汗，這個汗恐怕就是增壓了。

　　對男人來說，流汗的機會比流淚的機會多。畢竟流淚不像流汗那麼方便。

　　特別是運動後大汗淋漓，喝一口白開水都是甜的。這種對水的特殊情懷是平時感覺不到的。

　　有句話很時尚，叫「請人吃飯不如請人出汗」。實際上，出汗不但讓人健康，還讓人很有「快感」。我們身邊但凡喜歡運動的人，往往都比較開朗、熱情、有活力，形體也

比較好看。

已婚男人還可以透過協助老婆做家務流汗，既讓家庭和諧，又增加血清素，一舉兩得。

有些東方男人的習慣很不好，例如：

男兒有苦不願說，

男兒有淚不輕彈，

男兒有家不想回，

男兒有病不去看。

最後一個「不」，就是不想做家事，特別是某地區一些男人，受風俗影響，基本不做家事。這可不好。

2. 三個快樂因子

大家是否想過，為什麼有人家財萬貫，卻成天無精打采？有人日日為三餐奔波，卻神采飛揚？

快樂原來不是憑空就有的，這背後，是由體內神經細胞之間的三種遞質，腦內啡（endorphins）、血清素和多巴胺在操縱。這「吉祥三寶」被稱為「快樂因子」。

大眾對腦內啡的普遍認識始於 1980 年代早期。那時候，越來越多的人發現，每天慢跑能讓自己心情愉快、體重下降、免疫力增強。這一跑步風潮的最大好處就是讓我們了解到，體育鍛鍊尤其是慢跑，能促進腦內啡的大腦分泌，讓心理壓力得到快速緩解。

血清素已在前面談了很多，它是製造多巴胺的原料（也

是製造褪黑激素的原料）。

多巴胺，一度臭名昭著。多巴胺好似一把能打開許多心理鎖的萬能鑰匙，多巴胺＝性慾，多巴胺＝激情，多巴胺＝活力，多巴胺＝上癮，多巴胺＝愛情，多巴胺＝幸福。

在愛情中，多巴胺難以讓人永遠處於巔峰狀態，愛情的保鮮期只有 18 個月。所以，大腦只好取消很多心跳過速的「念頭」，讓那些化學成分在自己的控制下自然新陳代謝。這樣一個過程，通常會持續一年半到三年。隨著多巴胺的減少和消失，愛情、激情也由此變為平靜，經過初戀熱戀和狂戀，男人女人很快就不來電了。

幸運的是人在運動狀態下，交感神經興奮，處於應激狀態，可促使腎上腺素和多巴胺的分泌。愛情的保鮮期可以延時。

前面我曾說過，如果血清素濃度下降，還會引發憂鬱症。憂鬱症從生物因素上說，也是大腦缺多巴胺所致。

講到這裡，我們大概都清楚了，為什麼學校常發生自殺事件，而體育大學和體育學院就很少發生自殺事件。運動流汗是體校學生每天的常態，多巴胺充盈，人就容易積極快樂。

3. 眼淚的故事

接下來再講講流淚。

黃鶯鶯的〈哭砂〉，張惠妹的〈哭不出來〉，劉德華的

〈男人哭吧不是罪〉……寫哭的歌和把人唱哭的歌數不勝數。

流淚，成為了人類最基本的情緒情感表達方式。

每個人都是哭著來到這個世界的。離開時，大概也是哭比笑多。甚至說，人就是一邊體驗各種哭，一邊成長、成熟、寂滅的。「夜闌人寂跌碎了酒杯，眼角不欲人知的淚，遮不住曾經失去的誰」。對於哭和流淚，有三個基本事實：

一是女人比男人擅哭；

二是年齡越大，哭的機會越少；

三是越是公開場合，越不容易哭（明星除外）。

由於歷史原因，某些男人一直有一種「男性優越感」，這種優越感導致只要一哭就怕女人瞧不起，寧可眼中不流淚而心中淚成河。

男人不擅哭，是被社會文化壓抑了，跟性別沒關係。男兒有淚不輕彈，打掉牙往肚裡咽，這是角色強加，不是人性真相。

男兒哭的樣子多少有點不符合「成熟」。社會文化希望男兒喜怒不形於色，像賭神，手裡拿到任何牌，臉上都是一個表情：鎮定。男兒年齡大了，似乎心也硬了、冷漠了，曾經滄海難為水，也不太會感動了。

4. 眼淚有三種功能

清洗之淚：風沙灰塵迷住眼睛，流出來的是反射性眼淚，可以洗去異物，保護眼睛，有保護作用。

潤澤之淚：現在是「人機共生」時代，尤其是都市人，每天大量時間對著電腦、手機、電視、冷氣，眼睛容易乾澀疲勞，形成「乾眼症」，流淚有保護滋潤的功能。

動情之淚：悲傷、感動、憐憫、疼痛、委屈、悔恨的眼淚具有減壓作用。這種眼淚只有人能流，動物不具備這種能力。在哺乳類動物中，人類大腦的前額葉是最發達的。因為前額葉，愛情、自由、正義、藝術、信仰、靈魂才有了居所。

一隻猴子，不可能產生鍾情妄想和被害妄想，也不可能為另一隻猴子沒上成「跨年晚會」流下同情之淚。

一隻貓它再聰明，不會對美女的胴體有興趣，也不會有覺知和懺悔，更不可能坐禪、開悟、成佛。

三種眼淚味道不同：前兩種是淡淡的，第三種是鹹鹹的。

人遇到傷心事，如果能放聲痛哭一場，流淚後的心情往往會好受許多。這是由於身體某些毒素透過悲傷之淚得到排泄的緣故。

真心流下的眼淚中，會有大量與壓力有關的毒素和神經遞質。強忍住不哭會令身體無法自然排毒，導致免疫力受損，記憶力和消化功能失調。

大哭之後，人的情緒強度一般可減低 40%。反之，人在情緒壓抑時，會產生某些對身體有害的生物活性成分。

　　有期刊曾提到，美國科學家把人的眼淚收集起來，投入細菌病毒到裡面，結果幾秒鍾不到，細菌病毒被殺死了。看來，眼淚裡含的毒還真不少。

　　這些毒，實際上是肝毒。眼睛通肝臟，肝臟有毒（鬱結之氣），透過眼淚排出，是完全說得通的。

　　顯然，流淚不是簡單的情緒宣洩和心理釋放，還具有更大的中醫養生價值，是不用投保也不用續保的「心理人壽保單」。

　　5. 動情之淚可以對抗憂鬱

　　只要是動情之淚，無論哪一種對大腦都有減壓作用。

　　人的大腦之所以感到有壓力，是交感神經高度緊張的結果。而淚腺處於副交感神經控制之下，或者說，由於副交感神經的興奮，才流出了眼淚。

　　交感神經和副交感神經的作用，好比是一腳油門一腳剎車，把大腦從過度緊張狀態切換到放鬆狀態。

　　楊宗緯唱過一首歌叫〈洋蔥〉，由於沒有啟動大腦的副交感神經，人容易情緒憂鬱：「盤底的洋蔥像我，永遠是調味品。偷偷地看著你，偷偷地隱藏著自己。如果你願意一層一層一層地剝開我的心，你會發現，你會訝異，你是我最壓抑、最深處的祕密。」

　　現在大家都這麼忙，誰有閒工夫關心你那一層一層的洋蔥？誰知道你總共有多少層呀？太花力氣了，你自我揭露一

下豈不更快？

由於憂鬱症患者腦的機能下降，無法進行交感神經和副交感神經的切換，眼神像兩個黑洞，說話有氣無力，「灰色是不想說，藍色是憂鬱」，甚至「想哭但是哭不出來」。有張惠妹的〈哭不出來〉為證：「讓愛來，讓愛走，讓你讓心都受痛。我想哭但是哭不出來，等到思念像海，淹沒我而愛已不在。你絕望地離開，沒有淚流下來。」

所以，我準備把〈洋蔥〉改個名字，叫〈憂鬱症之歌〉；把〈哭不出來〉也改個名字，叫〈憂鬱症之歌 2〉。

6. 向感人的電影學感動

當代人心裡住著三種動物──跳蚤（浮躁焦慮）、流浪狗（迷茫困惑）與蛇（冷漠貪婪）。

歌神張學友唱道：「感情浮浮沉沉，世事顛顛倒倒，一顆心硬硬冷冷，感動越來越少。繁華色彩光影，是不為它迷倒？笑眼淚光看自己，感覺有些寂寥……」

我們越來越不會感動了，也不敢感動了。動什麼也別動感情。談錢傷感情，談感情傷錢。談還是不談？是個問題。

你膽敢在公開場合感動，就有人說你矯情、作秀、偽善。地震時動員大家捐款，你捐少了，說你無情；捐多了，說你腦子進水。

無奈，那只好向電影學感動吧，這比較環保。

煽情催淚的電影通常備足了悲劇元素。

悲劇是什麼？把世間最美最有價值的東西撕碎給你看、踐踏給你看、毀滅給你看，讓你從中體驗悲情和珍惜。

俗話說，「臺上唱戲，臺下落淚。」我們為劇中人物悲慘命運掬一把同情之淚，哭得昏天黑地、稀里嘩啦，哭醒後卻發現不是自己家的事，感覺挺划算。

我自己平常用來減壓的電影很多，比如《含淚活著》和《我的兄弟姐妹》。

《含淚活著》（紀錄片）：上海人丁尚彪，35 歲身無一技之長，借巨款赴日本飛鳥學校「求學」，到了方知不是「飛鳥」是「野雞」，借款被騙精光，護照到期。迫於生計，東躲西藏，連續 15 年成為一名非法滯留日本的黑戶。其間，他為償還巨債和供女兒讀書，一家人天各一方，從未回過上海。

丁尚彪每天打三份工：白天在車床廠開機器，晚上去餐廳當廚師，下晚班再去火車站做清潔工。凌晨末班電車收車，他只能沿軌道步行回住處。日日提心吊膽，深怕黑戶身分暴露被遣返回國。

這個被命運反覆玩弄的男人，沒有悲嘆世事不公，也不說一句抱怨的話。既然天注定，就勇敢地迎上去，接住。

縱然含著淚，也要活下去。

在回國的飛機上，這個堅強不屈的男人哭得像個委屈的孩子。身後是他流下了 15 年血淚的國家 —— 日本。

因為是連續十幾年跟蹤拍攝的紀錄片，眼看著丁尚彪皺紋滿面，行動遲緩了，頭禿了、腰彎了、眼花了、牙齒脫落了，不到 50 歲，只剩了 8 顆真牙。

丁尚彪是值得尊敬的丈夫和父親，是父愛如山的典範，總讓我想起作家余華的《許三觀賣血記》和南極暴風雪中孵蛋的雄企鵝。

據說這部電影在日本放映時，連續數週創下高票房紀錄。

日本每年自殺人數超過 3 萬，是交通事故死亡人數的 5 倍。這部關於愛與淚的紀錄片，激發了高壓力下的日本人保持工作熱情，更加珍愛生命。

《我的兄弟姐妹》（根據真人真事改編）：30 年前，東北某小鎮一戶幸福家庭，父親是音樂老師。一個風雪之夜，母親因長期積勞成疾，突然病重，連夜送往醫院。沒想到，夜黑風高，夫妻途中雙雙遭遇車禍身亡。

一夜之間，4 個孩子失去了父母，淪為孤兒。前路茫茫，身歸何處？

略微懂事的大哥齊憶苦，為讓弟妹們能過上好日子，決定忍痛把弟妹一個個送給他人收養。為了日後相認，他交給弟妹們每人一張全家福，從此各奔天涯……

每次看到齊憶苦把弟妹們都送完了，自己卻無家可歸，在雪地上奔跑哭喊著「爸！媽！」的情節，我都心如刀扎、

淚似湧泉。

每個人都可以找到太多太多這樣的電影。

7. 看這類電影的幾點提醒

（1）一氣哭成

哭不像笑那麼容易，哭需要時間和情緒的積累，才能達到共鳴。任何一部感人的電影，突然把其中一個橋段拿出來看，大概也感動不了人。所以，要看就一氣呵成，中間不要被打擾。

（2）哭晚不哭早

流淚的減壓效果再大，也不至於一天哭三次。從早哭到晚，誰也受不了。「晚上＋私密」比較好，一週來一次足夠了。既然在電影院不好意思哭，躲在家一個人哭總該可以吧？

為什麼不建議早上哭？

一來早上壓力沒那麼大，哭也沒啥效果；二來流淚需要時間醞釀，早上時間不寬裕，哭還影響食慾，不划算。

週末晚上哭更好，次日可以休息，週一又充滿幹勁上班去了。

（3）全家齊哭

全家齊笑容易，齊哭，有點難。聽過與人分享快樂，沒聽過與人分享眼淚。

實際上，因為成人的眼淚一般是獨自而流，偶爾與家

人分享眼淚更利於集體減壓。「相逢一哭泯壓力」，買一送一，物超所值。擁有同樣苦痛的人一起流淚，將心比心，惺惺相惜，容易共情。如果有人還堅持「流淚是一種軟弱的表現」，為什麼不能用感性的眼淚去昇華人性的光彩，讓自己更有慈悲心呢？

老於世故和冷酷無情的人怎會輕易感動？善良的人和性情中人才常常淚灑衣襟。

「男兒有淚不輕彈」有利於男兒形象，不利於男兒健康。

劉德華〈男人哭吧不是罪〉歌裡唱得好：「無形的壓力壓得我好累，開始覺得呼吸有一點難為……再強的人也有權利疲憊，做人何必撐得那麼狼狽？」

當我們趕受到生活的艱辛和重壓，休管他男兒女兒，別扛著，別撐著，不妨看場電影、看本小說，綠色環保地大哭一場吧。讓身心緩一緩，心情因哭而蔥綠。

你唯一要準備的就是：一包衛生紙。

8. 看恐怖片減壓，可靠嗎？

壓力太大，有些人會選擇「以毒攻毒」的特殊減壓方式，透過看恐怖片來釋放轉移壓力。這可靠嗎？看恐怖片，可以讓自己尖叫得理直氣壯，沒人覺得你瘋了。比較可靠。從前大家居住在鄉村，尚可以在田野上「咬著冷冷的牙，報以兩聲長嘯」，發洩心裡的委屈。如今，都市裡空間越來越窄，四處是人，即使你在沒人的空當，嚎叫幾聲，都可能招

來警察。

　　心理學家認為，恐怖片透過聽覺、視覺刺激人的腎上腺素分泌，產生興奮感。假如你的壓力是源於衝刺更高的工作目標，此時不一定要用三溫暖或泰式按摩來放鬆壓力，而是打起精神、燃起鬥志，激發自己像一個戰士和拳擊手那樣去面對壓力，在《奪魂鋸》（Saw）、《七夜怪譚》、《鬼來電》這樣的恐怖片中肆意尖叫、酣暢淋漓。連女生都可以高喊：記得自己是個女子，然後像男子漢一樣奮鬥！在交感神經高度緊張後，不時感受無比暢快的心情，如同橫斷山區的地形「一山有四季，冰火兩重天」，是非常刺激的減壓方法。

　　但是，凡事都得張弛有度，否則過猶不及。

　　媒體報導，一女子獨自在家看恐怖片，看到一半嚇得毛骨驚然，出現心臟狂跳、口唇顫抖、渾身冒虛汗等不適症狀，只好撥打 119 求救。

　　醫生提醒，因看恐怖片驚嚇過度入院之事時有發生，提醒民眾觀看恐怖片應量力而行。理性一點看，為轉移壓力、放下負擔，選擇看恐怖片來「刺激」自己，逃避現實，這種「玩的就是心跳」只能暫時釋放壓力，卻不是減壓的根本之道。

　　流淚可以減壓，有沒有看恐怖片哭的呢？有，但那是嚇哭的，這種眼淚不屬於「動情之淚」，沒什麼減壓作用。包括看周星馳的無厘頭電影，也可以笑出眼淚，讓人輕鬆，但

減壓效果不及「動情之淚」。

　　話說回來，與其宅在家看恐怖電影，嚇得自己鬼哭狼嚎，倒不如走出家門，多參加一些戶外運動和團體活動，透過與人傾談、遊玩等健康環保的方式來放鬆減壓。你說呢？

　　如果林黛玉也有認真練習過這麼多方法，心理上或許能更接近杜拉拉的狀態吧。

第 4 章
究竟是不是自找麻煩

　　工作生活中，有一些壓力和煩惱，會不會是我們自找的呢？會不會是主觀世界的一種不合理的認知所導致呢？

　　先講一個寓言故事。

　　一頭豬、一隻綿羊和一頭奶牛住在一起。一天早上，屠戶捆住豬腳就往外拖，豬預感要發生什麼，聲嘶力竭、拚命反抗。吵醒了熟睡的綿羊和奶牛，牠們說道：我們也經常被拖出去，誰像你這樣？真煩人！豬瞪了牠們一眼：你們被拖出去，只是剪毛擠奶，我這一出去命就沒了！

　　牠們對待同一件事，立場和角度顯然不同，情緒和結果也不同。這說明在主觀世界裡，所謂鐵定不變的看法是不存在的。認知深深地影響著我們對壓力的感受。客觀上的壓力源並不直接導致主觀上的情緒困擾。人的很多負面情緒來自於認知失調，與事件本身並無直接關係。

主觀世界有標準答案嗎

如果你說奔牛節是自找麻煩，大部分西班牙人會反對，他們認為奔牛節是國粹。

西班牙有個城市叫潘普洛納，以一年一度的奔牛節聞名於世。

奔牛節起源於 16 世紀。每年 7 月 6 日，市長在市政大廳陽臺上親自點燃一隻「沖天炮」，宣告奔牛節開幕。

節日的幾天裡，每天有 6 頭強悍的公牛追逐著數百名壯漢，勇士們冒著生命危險在瘋狂的公牛前面狂奔，被公牛追得瘋狂向前跑。萬人空巷、歡聲雷動，場面極其血腥刺激，超越巴西狂歡節。

可是，追求刺激是要付出代價的。每年有一些人不同程度地受傷，甚至喪生，不是被公牛踐踏，就是被尖利的牛角刺破內臟。

幾百年來，凡不敢參加奔牛節的男人在西班牙是被人瞧不起的，最終的勝利者則被當成英雄一樣敬仰崇拜。

你也許對西班牙人如此輕視生命百思不解，可對西班牙人而言，榮譽遠遠超出生命。正是西班牙文化對這種榮譽的高度認同，使他們在追求生命和榮譽之間，毫不猶豫地選擇了榮譽。

　　這也是奔牛節儘管遭到很多抵制，依然延續發展至今的原因。

　　有人認為是國粹，無上榮耀；有人認為是無聊之事。

　　西班牙人和東方人爭論這事，一定沒結果，搞不好還會打起來。

　　這是為什麼呢？

　　角度不同、立場不同、文化不同，利益點也不同。豬為什麼情緒激烈、拚命反抗？而綿羊奶牛為什麼不緊張、說風涼話？因為利益點不同。誰拒絕舉辦奔牛節，潘普洛納市第一個不同意，人家還指望靠這個節每年大把收遊客的鈔票呢！

　　認知是個體對人和事物的認識和看法。一個人腦子裡所認識的世界，是主觀的法則。它在解釋這個世界種種關係的邏輯，有人認為它是讓世界維持下去的信念，有人還會固固執地堅持「世界就必須這樣才對」。

　　有時，人們為了這個法則受盡了苦頭卻不自知。

　　有一次上課，一位老員工課間遞了一張紙條給我，這樣寫：我最近很生氣，我在公司辛辛苦苦工作快 30 年了，有幾個大學畢業才幾年的年輕人，現在收入竟然比我還高，這太不合理了！我找上司理論過幾次都沒用。你說怎麼辦？

　　我感覺這位老員工找上司理論一輩子也沒用，這是個人認知失調造成的煩惱，與上司並無什麼關係。

　　首先，我敢肯定那幾個年輕人做的工作這位老員工做不了。其次，現代企業不講論資排輩，過去那種「沒有功勞還有苦勞，沒有苦勞還有疲勞」的舊觀念，這位老員工還沒更新過來。最重要的是第三點，如果這位老員工自己的兒子到了另一家企業，幾年後收入超過了那裡的老員工，他會不會認為那家企業管理很不合理呢？不會。他反而認為那家企業管理太合理了，他兒子太爭氣了。只是眼前這幾個年輕人是別人的兒子，他就指責所在企業的管理不合理了。是什麼問題？──對同一類問題採取正負兩極評價標準。對自己有利的，就正面評價；對自己不利的，就負面評價。不是事情本身的問題，是大腦認知偏差的問題。

　　你看，人的壓力往往就來自這些不合理的認知。跟自己過不去，與大腦較勁，卻渾然不知。甚至一個態度、一個看法、一個觀念就可以逼死一個人。當壓力來了，認知調節看似非容易，卻難倒了一大片英雄漢。

　　人可以強大到比鋼鐵還堅強，但也會脆弱到被一句話打垮。這句話不就僅僅代表一個認知嗎？別的好像也沒什麼。

　　作家劉震雲有部小說《我不是潘金蓮》寫的是：李雪蓮為生二胎，經歷了一場荒誕的離婚案，還莫須有背上了「潘金蓮」的惡名。她用小半輩子的時間，走上漫漫上訪路，就想在人群中證明一句話「我不是潘金蓮！」卻越描越黑。本來一件特別小的事，最後竟鬧成了全國大事。

李雪蓮事件暴露了個人和體制之間的衝突，它掀開的那一角，牽動了社會的神經。她「當代孫二娘」的執拗個性確有可敬之處。可需要質疑的是，一個女人最美的 20 年生活品質去哪了？快樂呢？健康呢？

可不可以說，李雪蓮的幸福就是被那一句話擊垮了。

這句話本來是個極小的觀點，是她前夫隨便丟下的攻擊她的一個認知。但在李雪蓮腦子裡，它就是這個世界維持下去的唯一法則，重如泰山、穩似磐石。

心理學家維克多・弗蘭克（Viktor Frankl）說，人的任何東西都可以被拿走，但有一件東西例外 ── 人的終極自由，即在任何環境中選擇自己態度的自由。

認知是主觀的，主觀是可調的。

李雪蓮可以選擇放下，也可以選擇扛著，全在一念間。

從奔牛節到李雪蓮，再來認識以下這幾句話的內涵，就容易了。

橫看成嶺側成峰。

仁者見仁，智者見智。

塞翁失馬，焉知非福？

禍兮福所倚，福兮禍所伏。

齊魯青未了，陰陽割昏曉。

一千個讀者心中有一千個哈姆雷特。

植物學家和普通人看到的不是同一棵樹。

……

生活工作中，如果能尊重和理解人與人之間存在的不一樣的認知，情緒就會好點，壓力就會小點……

有人愛生氣，可能來自別人和自己的認知不一樣。只要別人的想法和做法與自己不同，就不高興，就容易有情緒。兩個人吵架，一人質問另一人：「你憑什麼這麼想？」那人說：「憑什麼我就不能這麼想？」是啊，憑什麼呢？就憑各自有不同的認知。

其實大可不必這麼生氣。這世界大部分的事情，特別在社會人文和思想道德領域，沒有標準答案，更沒有唯一答案。何必強求他人非得與己一致呢？

兒童發展心理學家勞倫斯・柯爾伯格（Lawrence Kohlberg）曾設計了大量「道德兩難問題」，讓路人和受試者回答，結果根本無法找至標準答案。

那些由認知帶來的煩惱，最早應該是教育理念和教育模式種下的「基因」。比如考 100 分的孩子，基本上是被老師的「標準答案」定格了的孩子，長大遇到事就容易老找「標準答案」，一旦找不到，就把自己糾困住了。

王朔曾導演過一部電影，其中有一個橋段。

老師朗讀課文：「勝利，就在眼前，而你卻看不到勝利，多麼令人遺憾啊！

匪軍官獰笑著說。

　　二排長面對高高舉起的屠刀，他，雙眼噴火，目光帶著微笑，把輕蔑的視線投向劊子手⋯⋯」

　　馬車：唉，老師，老師，敵人抓住了幾個人啊？

　　老師不滿地反問：他，是單數還是複數，你不懂嗎？！

　　馬車：我怎麼覺著好像有三雙眼睛在望著敵人？

　　（有同學偷笑）

　　老師更加不滿：這只是一種修辭方法！表現了革命者既無畏又憤怒，同時又充滿了革命樂觀主義。

　　馬車：哦，老師，那您能這麼看我一眼嗎？

　　（全班哄堂大笑）

　　老師氣急敗壞：馬車同學，請你不要影響課堂秩序，有問題可以下課後到辦公室找我討論。

　　馬車：我就是有點好奇，不知道這三種眼神兒怎麼一起出現。

　　（全班爆笑）

　　結果，馬車同學的爸爸被請到了老師辦公室訓話。

　　我覺得今天很多人思維僵化、缺少認知靈活性，可能是從小被訓練成講固定版本的故事，不會講不一樣的故事。

　　連我小時候都做過這種腦殘的填空題：老師像什麼？學生像什麼？後面是兩道橫線。標準答案是：老師像園丁，學生像花朵。這幾乎是每個學生從小就被灌輸的固定思維。

　　最近有一名六年級孩子就勇敢地終結了這個說法。她希

望老師做導遊，不要做園丁。她說花朵遇到園丁，命運就被設計和安排好了，園丁還拿一把大剪刀，隨時修掉那些不聽話的枝芽，最後花朵只能變成沒有特點和創新的植物。

導遊就不一樣了，帶著孩子們去看各種風景，讓他們自己去觀察、去體會、去領悟，導遊不評頭論足、指指點點，只需在必要時引導孩子，避免他們誤入歧途。

我相信這個小學生長大了，一定會講不一樣的故事。

講述不同的故事

一件事情，可以有其他的意義，也可以有更多的意義；可以有不好的意義，當然也可以有好的意義。

接納了「認知是主觀的，主觀是可調的」這一思想，是我們學會「講不一樣的故事」的第一步。

不一樣的故事是個什麼故事呢？有一次，我坐高鐵出差，上車前買了本雜誌，不經意看到一篇文章〈雙色人生〉，內心很觸動。

第一個故事——

他，西元 1571 年 12 月 27 日生於德國符騰堡州的魏爾代施塔特，是 7 個月的早產兒。父親早年棄家出走，母親脾氣極壞。他從小體弱多病，4 歲時，天花在他臉上留下疤痕，猩紅熱使他的眼睛受損。他高度近視，一隻手半殘，長得又瘦又矮。1601 年，對他人生產生重要影響的恩師去世。 1612 年，他至愛的妻子去世。他一生貧困潦倒，1630 年 11 月 15 日，年近花甲的他在索薪途中病逝於雷根斯堡。他，生於戰爭年代，一生在宗教動亂中艱難度過。厄運在他活著時不放過他，死後還緊隨著他，在戰爭期間，他的墓地被對立派夷為平地，屍骨蕩然無存。

第二個故事——

他，勤奮努力，智力過人，一直靠獎學金求學。西元1587年，他進入圖賓根大學學習神學與數學。他是熱心宣傳哥白尼學說的天文學教授麥斯特林（Maestliu）的得意門生。1591年，他取得碩士學位。1594年，他應奧地利南部格拉茲的路德教派學校之聘講授數學。1600年，他被聘請到捷克首都布拉格近郊的天文臺，任天文學家第谷‧布拉厄（Tycho Brahe）的助手。1601年第谷去世後，他繼承了宮廷數學家的職位，繼續第谷未完成的工作。1612年，他移居奧地利的林茲，繼續研究天文學。後來，他發現了行星運行三大定律。他所提出的三大定律影響深遠，促成了艾薩克‧牛頓（Isaac Newton）導出萬有引力定律。

第一個人可真是個倒楣蛋，誰也不想像他。

第二個人是個了不起的偉人，簡直高山仰止。崇拜極了！

可讓人意想不到的是，他們竟然是同一個人：德國天文學家約翰尼斯‧克卜勒（Johannes Kepler）。

你會喜歡第二個故事嗎？我也喜歡第二個。

我去泰國旅遊，看見到處都有「四面佛」。導遊說四面分別代表事業、愛情、健康與財運。無論你求事業、祈愛情、盼發財、保平安，「四面佛」皆能照顧到東西南北各路眾生的需求。

相對而言，我更喜歡一種工藝品叫「四面佛頭」，也有

做成手串的。四種面孔代表喜怒哀樂四種情緒，也對應四大世界：地獄、苦海、天堂、極樂。「四面佛頭」其實在講不一樣的故事，而不是一邊倒的故事。既然有人看到人生的苦，那就一定有人看到人生的樂。看到樂不是為了逃避苦，苦與樂是疊加的，苦中本來就可以提煉出樂。

有人覺得克卜勒不勝唏噓，就有人覺得克卜勒偉大。偉大和不勝唏噓都是真實的，是克卜勒的兩張面孔，就看你更喜歡哪張。

再舉幾個生活工作中的例子。

廣告案例：劉翔退賽前後，Nike 廣告詞的變化

原故事（退賽前）	不一樣的故事（退賽後）
把恐懼留給對手	愛榮譽，愛挫折
把驚喜留給看臺	愛把它再贏回來
把終點留給自己	愛運動，即使它會傷你的心

劉翔退賽，對 Nike 公司當然是個負面消息，但 Nike 公司立刻調節認知、修改廣告，從負面中提煉出了正面，講不一樣的故事，反而更突出了劉翔的堅毅和執著，賦予其更強能量。

電影案例：高老師找黃老師談工作，黃老師沒心情談。

高老師問：怎麼了？

黃老師嘆口氣：我兒子不好管教。

原故事（黃老師）	不一樣的故事（高老師）
我兒子不好管教。	長大了要獨立。
天天不回家， 我都見不到他。	生活能力很好啊。
整天跟那幫狐朋狗友混。	這是算了解社會嘛。
天天跟他們去泡夜店。	時髦啊！
看吧，直接進監獄了。	這次您不擔心 找不到他了吧？
判了一年刑。	那邊比我們家長管得嚴。
您就別安慰我啦。	不是安慰您。

劉邦過去不還是個流氓嗎？後來才當了皇上啊。浪子回頭金不換，這叫展望未來行。

你這句話啊，我喜歡聽⋯⋯

這兩個案例很鮮活，說明人可以自我調節認知來面對壓力，轉變態度。真可謂「天地陰陽自在我心，認知調節世界開闊」。

「不一樣的故事」，是對一個故事賦予了新的意義，透過重寫和改譯的技巧，幫助我們用較期待的故事，去替換被壓制的故事，引導重構積極的故事，以喚醒一個人發生改變的內在力量。

　　當一個人接納了富有正能量的新故事，新故事就可以為其帶來滋養。小則擺脫壓力煩惱，大則對心理問題具有療癒作用。

　　認知成熟代表一個人心智成熟，成熟的認知是人格健全的條件。

　　什麼叫成熟的認知？這是一種更開闊、更合理、更貼近真相的邏輯思維。不總是消極、盯著負面例子，態度應該更理性更積極；淡化了頭腦中的一元思維，不傾向非此即彼、非黑即白的二分絕對；不以偏概全，不一槓子打翻一船人，不因為一個人不買船票，就把所有人都拋下水。認識問題更全面、更客觀、更動態、更立體、更靈活。

　　我家鄉有一位長輩，年輕時參加一個親戚的婚禮，席間新郎新娘莫名其妙地猝死，喜事瞬間變喪事。有人想戲弄那位長輩，問：你不是能寫會道嗎？有本事你馬上以這兩件事作首詩？他沉吟片刻，落筆成詩。

　　一對蝴蝶庭院展，鴛鴦枕上淚漣漣。

　　喜聲未已哀聲到，悼客臨門賀客還。

　　這就是認知的靈活性。

　　如何透過認知調節管理煩惱壓力呢？方法有四。

　　方法一：從負面經驗中昇華出正面意義

　　如果說「講不一樣的故事」，是從事情的正性負性中，分離出一個對你更有意義的結果，好比紅豆綠豆混在一塊，

你想辦法分開就可以了，你愛吃什麼豆，隨你。

而找出一個負面經驗中的正面意義，就有點刻意為之了，是一種自我突圍，因為那件事是公認的負面經驗。有點像爛蘋果變好蘋果、青蘋果變紅蘋果的意思。這個過程不像「分離」，更像「蛻變」。

「分離」是看別人，「蛻變」是看自己。事情落在自己身上，拿自己的負面經驗來萃取昇華，難度更大。

先舉生活中例子 ——

我經常在課堂上問學員：像我這樣掉髮嚴重，做不出髮型，腦袋禿得發亮，不夠瀟灑，顯老，又真的不想當和尚，這負面情緒能不能找點正面意義出來呢？

至少我聽過學員以下的「接龍比賽」：

省洗髮精；

省梳子省時間；

省錢省事省心；

夏天涼快；

看上去精明幹練；

有智慧，覺得穩當；

聰明的腦袋不長頭髮；

貴人不頂重髮；

20 年後還不顯老；

打架別人抓不住你頭髮；

出家不用改髮型了；

可以為假髮廠做點貢獻；

生活中還常見這樣的「負正接龍」：

負面／正面

胖了，穿衣服不好看／心寬才能體胖，冬天禦寒，臺風站得穩

花瓶、碗碟摔碎了／碎碎平安，落地開花

東西掉了／舊的不去新的不來

東西被偷被搶了／破財免災，就當布施吧

兒子膽小怕事／不惹禍、善於保護自己

女兒長得不好看／安全

官員犯錯下臺了／無官一身輕

一早睡得正香被鬧鐘吵醒／表示我還活著

半夜有人跟我搶棉被／幸好不是跟別人搶

家裡有個只看電視不做作業的孩子／他乖乖在家，不是流連在外的孩子

每月要繳個人所得稅／表示我沒有失業

經常要洗一大堆衣服／代表有衣服可以穿

衣服越來越緊了，唉！／溫飽不愁

停車位太遠了／畢竟我還有輛車呢

她五音不全真難聽／萬幸我還能聽得到

再舉很多工作中例子——

負面／正面

處理客戶投訴讓人頭疼／可以磨練我的耐心和包容

客戶越來越挑別／說明我的工作和能力尚有提升空間

客戶說話太傷人了／這會令我越來越堅強

客戶期望過高讓我很累／這表示他們沒有對我絕望

有些客戶笨到令人無語／這恰好證明我的專業有發揮空間

惡意投訴的客戶讓人憤怒／但他們也會成為最忠實的用戶

客戶總是抱怨產品有問題／表明我們產品改良有了新方向

難纏的客戶真煩人／這訓練了我溝通能力，就當他們是
專業陪練吧

下屬越來越難管理／管理好他們才能保證我的職業安全

同事不好合作、沒上進心／這才突出了我在追求進步呀

這個月績效指標又上升了／我又有機會賺更多錢了

上司安排的任務太重／這表明他還肯定著我的能力

業績壓得我喘不過氣／表明我有機會面對一個個挑戰

目標業績很難完成啊／這回我可以再次激發潛能了

上司對我的要求太高了／可以提升我的能力

上司今天罵我罵得很凶／說明他不會放棄我的，故意在
考驗我吧

以上例子在工作中比比皆是。

其實，很多學員堅定地認為前半句都是負面的，透過
「負正變臉」的練習，把後半句的「意義」接龍上去，頓時

看待事情的角度變了、態度變了，行為也更積極有效了。

客觀存在的壓力源並不能直接造成情緒困擾，一定要透過對這件事的看法來影響我們。

即便壓力源是一樣的，也不存在完全意義上的「負面」。因為每個人的認知不同，主觀感受也不同。不是事情本身困擾了我們，是對事情的看法困擾了我們。簡單地說就是「看你怎麼看」。

方法二：慎用簡單線性思維，不絕對化，不非黑即白判斷

因為經常坐飛機，閒來我就喜歡胡思亂想，經過無數次體驗，我發現飛機上沒有哪個座位是絕對好，也沒有哪個是絕對差。

靠窗吧，如廁不方便，端茶遞水容易灑。靠走道吧，裡面乘客尿頻尿急，你很麻煩。坐中間吧，萬一遇到左右兩個狐臭的，你連死的心都有。坐緊急出口舒服了吧？腿可以抻直，腰卻硬得難受，這個位置椅背不能調節。緊急出口又靠窗的舒服了吧？不行，視線被飛機翅膀剛好遮住。

坐最後一排總可以了吧？上廁所還很近，可你不覺得總是聞異味嗎？乾脆買頭等艙，這下可好了，多花錢就可以優先下機。好是好，但登機時每個人都得從你面前過，頗受打擾。

世上就沒什麼好事會讓你一個人占全的。

簡單線性思維模式的人，對待美醜對錯的態度是：美就是美，醜就是醜，好就是好，壞就是壞，對就是對，錯就是

錯，沒有交集，也沒有中庸狀態，並頑固地堅持自己的原則標準，當別人不同意他的觀點時，通常會堅守捍衛，甚至聲色俱厲。即使不和別人在言辭上直接針鋒相對，內心還是認為自己的觀點很厲害，並排斥別人的觀點。

再看多元思維模式的人。雖然也有自己堅持的原則標準，但是能理解他人的原則標準，一般不會和他人產生爭執，能協調地和他人「共舞」，讓自己愉快，他人也愉快。因為願意理解他人，所以，多元思維模式看起來比較和藹可親，不像簡單線性思維模式那麼面目可憎。

這世上的事，很難說清楚絕對的好與壞、是與非、對與錯。要全面地、客觀地、動態地看，要有點哲學的時空觀、相對觀和發展觀。

《道德經》第二章也精妙地闡述了這個問題。

天下皆知美之為美，斯惡已；皆知善之為善，斯不善已。故有無相生，難易相成，長短相形，高下相傾，音聲相和，前後相隨。是以聖人處無為之事，行不言之教，萬物作焉而不辭，生而不有，為而不恃，功成而弗居。夫唯弗居，是以不去。

任何事都是相比較而存在的，無論你怎麼做怎麼看，事情都只是處於相對狀態，永遠沒有最高點最佳點，當然也沒有最低點最差點。那為何還要那麼糾結於好壞、執著於得失呢？

　　以前我在外資企業擔任專業經理人時，遇到一位脾氣異常火爆的上司，罵人能把人罵昏。後來學習《道德經》，上司一開罵，我就默念「禍兮福所倚」；上司歇口氣不罵了，我再默念「福兮禍所伏」。反正罵與不罵，我都用辯證性思考保持一顆平常心。

　　這種辯證性思考在工作生活中，的確值得好好思考實踐。

　　比如，世上有沒有最好的工作？有沒有最壞的工作？沒有。可偏偏有人非得追求「最好」不可 —— 最好的收入、最好的職位、最好的面子、最好的上司、最好的搭檔、最好的制度、最好的升遷空間、最好的退休保障……

　　日本有部電影《送行者：禮儀師的樂章》，一個叫大悟的年輕人，失業後到處找工作，看到一則應徵廣告：「年齡不限，高薪保證，實際勞動時間極短。誠聘旅程助理。」

　　他以為找到了一個條件不錯的工作。不料，那是一個並不美麗的誤導，人家要聘的人是給「那個世界的人」當助理。老闆佐佐木向大悟說明了工作性質，所謂「旅程助理」其實就是入殮師，負責將遺體放入棺木並為之化妝。

　　你說大悟這叫最好的工作還是最差的工作呢？他該怎麼辦？看過電影你自然會懂。

　　方法三：避免管狀視野，不以偏概全

　　管狀視野不是心理學概念，是眼科常用術語，指青光眼

如治療不當，視力將慢慢下降，視神經慢慢萎縮，視野範圍慢慢變小，最終導致失明。

管狀視野和非理性信念一樣，也是一種不合理的認知，具有非理性和扭曲性。看問題容易侷限，盲人摸象，只見樹木不見森林。依據零零碎碎的材料，只憑主觀上的局部經驗就想得出全局判斷和結論，便形成了以偏概全的認知失調。

認知失調就會產生態度失調和行為偏差。

社會案例：

有一個幼兒園，發現有些家長不能按時來接孩子，影響了幼兒園老師的作息。於是就訂了一條制度：凡接孩子遲到的，按遲到時間長短處以不同金額罰款。制度發表後，發現該情況並沒有好轉，反而愈演愈烈。

很簡單。制度發表後家長是這麼認知的。

1. 心安理得：本來遲到心裡會很內疚，現在不用內疚了，因為已經被罰款了。所以，繼續遲到。

2. 反抗心理：幼兒園這樣做太缺德吧？不就是想多賺點錢嗎？給你就是了。

諮商案例：

某女，32歲，已婚，大學畢業，某銀行職員。

個案是某銀行的部門經理，非常好強，工作積極努力。一個多月前，參與銀行高級職位競聘，不但未成功，反而失去了原來的經理職位，成為一名普通職員。

　　她認為是上司偏心，是自己以前堅持原則得罪過人，自己命不好。以前得罪過的手下一定在幸災樂禍。上班時情緒低落，沒有了以往的工作幹勁，想辭職。但考慮到銀行的待遇不錯，一時難以下決心。

　　她不知道現在該如何是好，內心苦惱、煩躁、不安，她的父母、丈夫勸說其想開一點，但她覺得做不到。最近經常失眠、食慾大不如以前。曾到醫院檢查，未發現異常。

　　我用圖表形式簡單分析並建議認知調節，如下表所示。

　　方法四：不類化倒楣意識，不拿負面情緒遮蔽整個心境

　　類化，指某個反應與某個刺激形成制約後，這一反應也會與其他類似的刺激形成某種程度的制約，這一過程稱為類化。

　　在心理諮商中，個案目前不良心理行為反應的刺激事件，不再是最初的事件，而是同最初刺激事件相類似、相關聯的事件，甚至與最初刺激事件不類似、無關聯的事件，也能引起心理不適或以行為反應症狀。這被稱為類化或完全類化。

　　典型的類化，如「一朝被蛇咬，十年怕草繩」。容易類化的可能與刺激物具有的相似屬性有關：蛇是軟的、細長的，而草繩也是細長且彎曲的。我稱之為「覆水難收的災難化思考」。

調節方向	非理性信念	理性信念
認知一	不但沒有衝上去，反而下來了，太丟臉了！像我這麼好強的人，該怎麼辦呀？	好強，工作上也許是個優點。可是，要強到不能接受任何受挫的事實，就是一種認知扭曲了。誰都難免受挫，受挫可以提醒我換一個方法再嘗試。
認知二	沒有以前的幹勁，想辭職	1. 勇於競爭高職積極進取的表現，但事先知道不成功可以退回更低職位。 2. 就像賭博，輸了受罰，是遊戲規則，我現在這個樣子，主管更覺得我贏起輪不起。 3. 內在比面子重要，銀行待遇還不錯，好漢也要吃點眼前虧。
認知三	被我得罪過的人一定幸災樂禍	不一定，是福是禍，誰知道呢？假如裡面真的有潛規則，下次主管會良心發現的，我還有機會。
認知四	主管偏心	1. 主管可能會偏心，就算偏心，主管會承認嗎？ 2. 恐怕我很難去討賄所謂的公道，不如為自己留條後路吧。 3. 別人也有別人的優勢，風水輪流轉嘛。
認知五	自己命不好	只是在這件事上受挫了，不能代表整個命運。
認知六	不知道現在該如何是好	1. 既然我個積極努力的人，年紀又不大，學歷還可以，身體健康，今後一定還有機會爭取。 2. 趁這段時間反思自己的工作方法，多體驗基層工作，多學習新的管理理念，調整管理思維，堅持原則沒有錯，可方法要適當。 3. 就算跳槽，也要吸取教訓，避免今後重蹈覆轍，摔倒了也要抓把土在手，不能白摔。
認知七	苦悶、煩躁、不安、吃不好睡不好	1. 先穩定情緒，該吃吃該睡睡。 2. 以前當主管太忙，太少陪老公孩子，現在時間充裕了，可以補一補。多學習，多鍛鍊身體。 3. 家庭比事業更重要，健康比成功更重要。

為把前面學過的 4 個方法綜合起來，現結合一個諮商案例做整體分析應用。

諮商案例：

張女士，37 歲，大學畢業，某證券公司理財經理。

自述：最近我脾氣非常暴躁，吃不好睡不好，事情想一想救覺得火大，除了亂罵人，還影響了家庭關係和工作關係。

最近我有位老客戶，雙方已終止合作了，帳目兩清，已用簡訊彼此確認無誤。有一天他突然打電話憤怒地說：「你還欠我 50 萬新臺幣，你這個騙子，我要告你！」

我在公司服務多年，從沒出現過這種差錯，況且每筆錢

銀行都有流水可查。客戶不依不饒，堅稱我從中做了手腳。

　　我用了整整一下午，汗流浹背，緊張仔細核對與這位客戶過往的每筆帳目，還是沒發現問題。誰知客戶當晚打電話來輕描淡寫地說：「不好意思，我在其他地方找到了 50 萬元的下落，他們把 50 萬少看了兩個 0，只匯了 5,000 元給我。」

　　於是，張女士最近情緒就發生了上述狀態。她反覆跟我重複的兩句話是：他怎麼能這麼說呢？他憑什麼陷害人？

　　我說，我能理解你的情緒，如果換做是我，我可能更生氣。好端端被人冤枉、陷害，毀你正直、汙你清白，心裡當然很難受。萬一投訴到上層那裡，同事們再不明事理亂猜忌，還要費口舌去解釋，真麻煩。對你職業聲譽也不好。你說是不是？你都對誰解釋和宣洩了呢？

　　她說，我對同事宣洩了啊。我說這很好，你如果跟外行的人講，人家未必理解你們的業務性質和流程，公說公有理婆說婆有理，越描越黑。同事在這方面多少還能幫忙核實一下。

　　來，我們不妨從 4 個方向進行認知調節，不用把這事想得那麼複雜可怕。你覺得呢？

　　第一，你的委屈給同事一個警訊，以後經過確認的證據盡可能用書面形式（就算是簡訊也有法律效力）。手握證據，內心無懼。至少遇事更鎮定，情緒不用那麼焦慮。對

吧？

第二，你的專業性、責任心再次得到證明。在上司同事心中贏得了更高可信度，你對自己也更自信了。證明清白往往是靠別人的誣陷。

第三，幸好只是虛驚一場。以那位客戶的個性，若長時間找不到那筆錢的下落，他會罷休嗎？幸虧你只糾結了半天，要是糾結半個月呢？就算他起訴你，也不會勝訴，但會不會把你的生活攪得一團糟呢？

第四，任何負面情緒都有過程性，沒有永恆不變的情緒。天大的喜事你不可能高興一輩子，天大的悲傷你也不可能痛苦一輩子。你只要別一直想它、強化它、增加它的負能量，負面情緒有可能持續一週，難道能持續半個月？難道還能持續一個月？

聽我這麼引導，張女士自己也想明白了，說：這個客戶平時就一副高高在上的樣子，總覺得自己智商比別人高，而我看上去給人感覺傻傻的。他突然發覺一下子少了 50 萬元，第一時間恐怕只能想到被我這個「傻子」給騙了，被「傻子」騙才讓他更惱火。況且 50 萬元也不少啊，要是 5,000 元可能他沒那麼憤怒吧。

我說張女士你真聰明！沒有不對的情緒，只有不被理解的情緒。你認為他沒必要發那麼火大，可他自己認為很合理啊。

你問我，客戶憑什麼要陷害你呢？客戶可不認為這叫陷害，他認為這是正義之舉，是維護合法權益。所以，他向你大吼大叫時，會想自己情緒對不對嗎？這種情緒對他來講就是對的，對你來講就是莫名其妙。在他憤怒的那一刻，對錯是無法討論的。

況且，衝動控制有困難的人往往都自以為是，自我感覺良好，太相信自己，不會替別人著想。樹大有枯枝，夜路走多了總會碰到鬼。你都工作那麼多年了，不才碰上一次嗎？

這個客戶主觀上並沒想陷害你，後來不還主動跟你說「不好意思」了嗎？雖然不太真誠，但他也有愧疚，並非一個徹頭徹尾的「不要臉」。

張女士如釋重負，說：現在看來這件事更像好事呢，我不能再耿耿於懷了。

東方哲學與壓力管理

　　第 1 章曾談過幼兒進幼兒園有難度，有時被逼要送點禮物給老師以示謝意，但送老師禮物也有壓力。家長因比較心裡而要求孩子上各種「才藝班」，對孩子和家長是雙向壓力。

　　由比較帶來的煩惱和壓力，也是一種認知失調，我稱之「東方式煩惱」。東方式煩惱有三大特點。

　　1. 明知得不到，偏偏還想要。

　　2. 得到已夠多，要了還想要。

　　3. 別人能得到，我就必須要。

　　「比較軟體」是何時裝入我們大腦的呢？對，幼兒園。因為它植入大腦的年頭太久遠，所以「比較軟體」用防毒軟體是殺不死的，也很難卸載。

　　軟體（software）有 3 個特點：

　　1. 無形的，沒有物理形態，運行時才能了解其功能；

　　2. 不像硬體那樣會磨損老化，但技術上可以升級；

　　3. 具有可複製性，可以形成多個副本。

　　舉個例子，儒家文化就像一個文化軟體。「亞聖」孟子就說「不孝有三，無後為大。」、「富貴不能淫，貧賤不能移，威武不能屈，此之謂大丈夫。」這類說法早已深植人心，可能它就是一個固定的標準。但依照這個標準來看的

話，今天還能找到多少孝子和大丈夫呢？

其實，還有一個生命力更頑強的「比較文化軟體」更難卸載。

有一天，深居簡出的蘇格拉底（Socrates）來到雅典集市，對著琳瑯滿目的商品說了一句話：「這裡怎麼有這麼多我不需要的東西呢？」

我們需要的不多，而想要的太多。

當今，你想消費什麼就有什麼，不想消費吧，也有人指手畫腳告訴你，你應該有這個，你應該有那個，你值得擁有這個，你值得擁有那個。

我們真必須擁有那麼多嗎？商家不是在生產一個一個的商品，而是在生產一個一個的欲望。無窮無盡，直至喪失了我們的心性。

欲望不能最大化，只能滿意化。

滿意與最大並不衝突，滿意的不一定最大，最大的也未必滿意。

愛比較的心理防衛機制是愛面子，愛比較的人還容易嫉妒別人。

簡單談談東方人的「面子問題」吧。

東方人很愛講面子。面子是什麼？面子就是臉皮。

面子問題早已在東方思想文化裡根深蒂固。

有人平時抽普通的菸，同事、朋友、同學聚會就要買幾

百塊的「雪茄」，就為了面子。左右口袋放不同價格的菸，論人掏菸，有時不小心掏錯了，十分尷尬。

朋友一起吃飯，誰要是提 AA 制，肯定覺得很丟臉，但大家還是覺得 AA 合理，心裡想的和做的又不一樣，這就是面子。

面子給東方人造成的壓力可真不小。

為了面子，東方人請客，總要打腫臉充胖子，不管請一個人還是幾個人，都要滿盆滿碟地往上端，一擺就是一大桌，還一直說「沒菜！沒菜！」吃剩的菜，心裡很想打包，又擔心別人笑話，「餓死不打包，倒驢不倒架」。為了面子，摔鍋賣鐵也要出禮金。月底一算，禮金占了月收入的一半。為了面子，吃了虧、上了當也自認倒楣，唯恐別人說三道四；為了面子，有時甚至做違法犯罪的事。

面子只在相關人群中才有相對重要性。相關人群分兩群：一群是認識你的人，另一群是你認識的人。你的面子只在這個人群中才有意義，你要到了美國，誰也不認識你，面子就失去了作用。

現在某些人照片整天上傳來上傳去，大概就四類東西：吃什麼，喝什麼，玩什麼，和什麼人在一起。

因為面子只有和有面子的人在一起才有意義，面子就成了一種身分。這就是為什麼有些活動一定要拉一個有面子的人來撐面子，撐不上也硬撐，實在不行就冒充。

面子問題，我越想頭越大。面子最終能形成一個家族的聲望和榮譽，成為一個家族的精神象徵。太厲害了！

中西文化對面子問題有著截然不同的認知。

西方人捨什麼都不捨自由，東方人丟什麼不丟面子。自由是西方人的面子，面子是東方人的自由。西方人體面不體面就看你實現沒實現自由，東方人自由不自由就看你夠不夠得上體面。

東方人比較傾向於把他信（不是泰國前總理）作為自信的墊底。別人覺得自己重要，自己才覺得自己重要；自己覺得自己再重要，如果別人不覺得重要，那還是不重要。有沒有面子就看一個標準：有沒有被人羨慕。項羽才會說「富貴不歸鄉，如錦衣夜行」。如果鄉里的人都死光了，項羽也不必歸了，反正也沒人羨慕。

不過，東方人愛面子，有時也表現為一種節操或骨氣。如餓死事小，失節事大；寧為玉碎，不為瓦全；士可殺，不可辱。愛這樣的面子是可敬的，非常人可比。

好，現在回到比較的問題。

我們並非要把「比較軟體」完全卸載。一個人在職場和生活中如果不跟任何人比較，是什麼情況呢？要麼他什麼都有了，不必比較；要麼他心如死灰，無法比較。

一個人愛比較，至少說明他還有自尊心和上進心。但過度比較又會帶來不必要的煩惱和壓力。怎麼辦？

我把「比較」改成「對比」，會溫和一些。建議「理性對比」，有 3 條思路。

思路一：方向對比

也叫垂直對比或縱向對比。盡量和自己以前比，比自己以前過得好點，就是最好。為什麼？可以想像一下，一個人這個月多拿了一筆獎金，比以前多拿了，當然高興。但這個人覺得不過癮，他還想知道別人拿多少，就到處去橫向對比，打聽這個打聽那個。最後發現大家都拿這個金額，於是他還不甘心，繼續打聽同行、分公司究竟拿多少。這麼一路比下去，什麼時候他就不比了呢？直到把自己比不痛快，他就不比了。

縱向對比容易讓人快樂，理論上很簡單，因為參照點只有自己一個，是固定的，效果容易顯現；而橫向對比的參照點是多個，是移動的，移動的東西就不容易控制，就容易招致煩惱。

村裡的老張最具幸福感的時候，是 1980 年代第一個做了「萬元戶」，雖然現在自己所在的村子已經改造成了都市，拆遷補貼也讓自己成為了「百萬元戶」，但他感覺再也沒有當年那麼興奮了，因為周邊村鄰都是「百萬元戶」了。

老張為什麼心情反倒失落了呢？

心理學家丹尼爾・康納曼（Daniel Kahneman）說，這是「參照依賴」。多數人對得失的判斷往往根據參照點來

決定和評價，是透過計算該結果相對於某一參照點的變化而完成的。人們看的不是最終的結果，而是看最終結果與參照點之間的差額。

所以，人要想快樂一點，對比的時候選擇好參照點，是多麼重要啊。老張不再參照自己當年是「萬元戶」首戶，心理上又不願接納冒出的那麼多「百萬元戶」，所以老張自我糾結了。

思路二：品質對比

根據事業與生活總體滿意度來評估的一種對比法。當一個人春風得意躊躇滿志，他反而要找更強的對手比。強大的對手才能激發自己，才能讓自己居安思危。這時如果安於現狀不思進取，就容易溫水煮青蛙，不經意地被淘汰，「找高手比」很像「鯰魚效應」。

相反，遇到倒楣事，覺得自己活得很窩囊，就要反其道而行之。

假如我不小心掉了 100 元，卻得知你不小心掉了 1,000 元，我為什麼頓時舒坦點了呢？不是我的錢回來了，也不是我利用了你的更倒楣，而是那 900 元的差額激發了我的同情心，是同情心淡化了我的沮喪感。

快樂有人分享，快樂增加一倍；痛苦有人分擔，痛苦減少一半。你無形中花 900 元分擔了我的痛苦，你是高尚的，我是受益的。

　　一個人遇到再大的倒楣事都不可能是舉世無雙。只是遇事的這個人容易放大這種倒楣，像小熊被樹枝刮傷一樣，它逢人就說，說得越多，強化越多，傷口就撕得越大。找人分擔痛苦也要適可而止，不然會類化痛苦。

　　我常建議學員遇到這種情況，去做一些利社會行為。比如去育幼院、婦幼協會，或看望癌症晚期患者、鰥寡貧病老人，甚至去墓地待一天。

　　這樣才突然發現這個世界比我們更倒楣的人，不計其數。回來後寫寫認知心得，就好多了，還會感覺自己是幸福的。如果沒有「品質對比」，認知就達不到這個高度。

思路三：綜合對比

　　人生發展有不同的波段，每個波段可以用前面兩種對比方法交錯進行，核心目的是不讓自己失衡，保持一種健康的心理平衡，不至於因為壓力太大而走向極端。

　　綜合對比更需要智慧，尤其強調的是對比範圍和親疏關係。「只要比你小姨子的丈夫一年多賺 10,000 元，你就算是有錢人了。」

　　「你小姨子的丈夫」既是橫向的，又是縱向的。他是外人，又是你的連襟；他起點也許跟你差不多，又是自己人。控制在小範圍內對比，即便縱向橫向一起比，也算理性。

第 5 章
人際交往的甜與苦

先摘錄幾段學員寫給我的紙條——

‧工作中經常遇到跟你不在一條道上的人，你急他不急。他們缺少責任心，也不打算改變自己。你改變不了這種同事，又必須與之合作。我該怎麼調整自己憤怒的情緒？怎麼處理與他們的關係？

‧與同事之間發生了劇烈衝突，後續還要繼續合作，似乎總覺得有些彆扭，該如何做？

‧有一天，上司打電話叫我上去，把我臭罵一頓，罵我是豬。然後也不說原因，後來就不了了之了。

‧感受不到上司的關心，上司認為每天加班是應該的，我覺得個人價值被忽視了。

‧我的上司總是恐懼失去控制感，因此不斷向下屬施壓，增加工作量，把簡單的事情複雜化，導致有些工作明知不可做卻硬做，效果並不好。怎麼處理這種煩惱？

‧錯過的緣分，該怎樣挽回？

‧一個人遠離家鄉，公司地域偏遠，平時交往對象很少，周圍也沒有多少異性選擇，無人傾訴，非常孤獨。

‧家裡人總是催我回去相親，我自己並不想，心理壓力很大。別人是每逢佳節倍思親，我是每逢佳節想出家。

‧父母逼婚。但雙方當事人都覺得尚早，與父母無法達成共識。現在與父母通電話，結婚是唯一的話題。煩！

‧如何信任自己的丈夫？如果丈夫不接電話晚回家，就

開始恐懼害怕。外面的世界誘惑太多，所以我擔心太多。怎麼克服呢？

　　‧我經常對小孩子發脾氣，之後又很內疚，該不該向孩子道歉呢？道歉會不會影響家長在孩子心中的地位？

　　歸類以上 4 種關係：同事關係、上下級關係、個人內心關係和家庭關係。無論哪種關係，處理不當的話，反過來都會對工作效能和個人健康產生負面影響。

　　仔細算算，我們一生和同事上司在一起的時間，超過家人和朋友。

　　工作中因為人際關係不良造成的壓力，名目繁多、包羅萬象，往往還無法直接拿在桌面上談，這是件微妙而隱痛的事。

人際關係的雙面性

生命即是關係。

人，大部分快樂來自於人際關係，大部分痛苦也來自於人際關係。換句話說，關係處理好了，是蜜糖；處理不好，是毒藥。

所以，有人感嘆：跟自然在一起就自然，跟人類在一起就人累。哲學家尚‧沙特（Jean Sartre）甚至說「他人即地獄」。

世界衛生組織（WHO）把「社會關係完好」列為健康的三大條件之一。人本主義心理學家亞伯拉罕‧馬斯洛（Abraham Maslow）也把「保持良好的人際關係」確定為心理健康的標準之一。

每個人從一出生就具有了社會屬性，人際交往成為一生的必修課，而且還得想辦法修成高分。這是生命極為重要的一部分。

即便像電影《浩劫重生》（Cast Away）中的男主角，一個人在荒島上生活了 4 年，也得透過在一個破足球上畫人臉，與外界建立情感聯結。正向心理學之父馬丁‧塞利格曼認為：「社會性是人類已知的最成功的高等適應方式，它甚至比眼睛的進化作用還要大。」

他還認為人際關係是幸福五個元素（PERMA）之一。對人際關係的追求是人類幸福的基石。

久旱逢甘霖，他鄉遇故知，洞房花燭夜，金榜題名時。東方人的「人生四大喜」，每件都不可能自己獨立完成，不是依靠老天爺，就是依靠他人。

老天爺不下雨，你窮著急有用嗎？

他鄉遇故知，不還需要「兩」眼淚汪汪嗎？

洞房裡的好事，總要擺兩個枕頭吧？

喜中狀元，單單是你一個人的努力嗎？是誰幫你打的分數？

你能想像「千山鳥飛絕，萬徑人蹤滅。孤舟蓑笠翁，獨釣寒江雪」是個什麼樣的日子嗎？

從心理學研究的角度說，積極的情緒很少見於孤獨的時候。

比如一個信奉獨身主義的男人，他一個人在家，炒菜也唱歌，洗碗也唱歌，沖涼也唱歌，拖地也唱歌，洗衣服也唱歌，剪指甲也唱歌。他不瘋，鄰居也會瘋的。

我說這種情況真的很少出現。人的生命一點小小的光亮，往往都與他人有關係。

在你的生活中有沒有一個人，可以讓你凌晨三點鐘仍然敢打電話過去傾訴煩惱？如果有，我敢說你比回答「沒有」的人會活得長。

遺憾的是，網路時代宅男宅女越來越多，不想與周圍人建立關係的可能性越來越大，心理健康問題也變多了。

孤獨還是暴力、攻擊行為以及精神病理症狀強有力的預測源。

有媒體報導，俄羅斯一位淵博的歷史學家莫斯科文（Anatoly Moskvin），是個高智商天才，精通 13 國語言，他長期在當地博物館為人們講解歷史知識。

莫斯柯文是一個獨居單身男子，也沒什麼朋友，還有不為人知的戀屍癖。多年來，他鬼鬼祟祟「光顧」了 700 多座墓地，竊取了 29 具女乾屍，打扮成各種玩偶和洋娃娃，放在家中欣賞把玩。有一次他媽媽突然光顧兒子家，才發現了這個驚天祕密。

這真叫「不在孤獨中變壞，就在孤獨中變態」。

心理疾病也是一種「關係疾病」。

所以，人要不斷學會與周圍人建立良好的人際關係。

解決「關係壓力」的方法

方法一：相信每個人都有自己的造化

拿紙條的第一問題來說，就算遇到跟你不在一條道上的同事，那個人缺少責任心，也不打算改變自己，你又必須跟他合作，也不用那麼著急，更無需憤怒。如果是我，就先冷靜思考以下幾個問題。

· 為什麼我會經常遇到這樣的人呢？

· 此人與其他人合作也是這樣嗎？還是僅僅對我？

· 成年人的責任心可以被別人教育出來嗎？

· 一個人可以被另一個人改變嗎？會被我改變嗎？

· 這個同事是不想改變還是不想被我改變？

· 如果此人依然快樂地活著，他豈不是很幸福？

· 一個公司任由這樣的人混得好，我是否要考慮跳槽？

把前面 6 個問題想清楚了，也認定自己仁至義盡，盡量自我調整配合對方，可對方依然故我，然後就找上司好好談談，上司認為我這個人太矯情，我再做第七步打算。

世界沒有兩個人是一樣的。不強求，也強求不得。同事之間存在太多的差異性：年齡性別、教育程度、家庭背景、個性人格、價值觀、信念信仰、認知水準、行事風格、動機企圖等。

　　如果因為這些差異而導致彼此水火不容，首先要理性地接受這個客觀差異。其次，學會在同事身上尋找自己認同的優點，對方不可能一無是處，自己也不可能盡善盡美。說句自私的話，同事不敬業，你敬業，才能保證你的職業安全。還要避免刻板效應造成的認知偏見，別徹底把別人看扁了，給自己徒增煩惱。

　　方法二：用批評來豐富情感帳戶

　　沒人喜歡被批評，除非是受虐狂。

　　但下屬犯錯，上司不批評，就無法帶來警示和防範作用。

　　不恰當的批評方式是導致上下級關係惡化的重要原因。

　　上下級關係惡化，一部分來自於上司對管理角色定位不準，對批評的心理技巧知之甚少。當上司的不良管理風格成為下屬的壓力源時，上司自己也會深受其害。

　　於是，彼此情感帳戶越來越匱乏，員工因對直接上司不滿而離職，成為僅次於薪資待遇的第二主因。

　　新生代員工對組織的依賴度越來越低，似乎也越來越扛不住批評。一是心理抗壓力明顯不足，二是上司批評的方式也有問題。越是獨生子女，越是受教育程度高的，自尊心越強，對情緒越敏感。那種像「蒸不爛、煮不熟、捶不扁、炒不爆、響噹噹的一粒銅豌豆」的員工，就算是心理韌性好的了。

當今的社會是年輕人的社會。職場的中堅者、消費的主力軍、潮流的引領者、網路的聚焦點……無一不是由年輕人主宰。

年輕人身上儘管有這樣或那樣的「毛病」，但年輕人愛學習、願改變、可塑性強，是企業的希望。這點毋庸置疑。

年輕人需要青春向上的領導人，更需要懂他們的領導人。誰懂年輕人，誰就掌握未來。

就算是批評下屬，也要清楚上司和下屬之間是有人際界限的，踰越了這些界限，關係就會變成精神負累。

怎樣更懂下屬的心理，透過批評，既促進工作又豐富彼此情感帳戶呢？

我做了一幅簡易的「批評：情感帳戶增值圖」來說明。

批評：情感帳戶圖

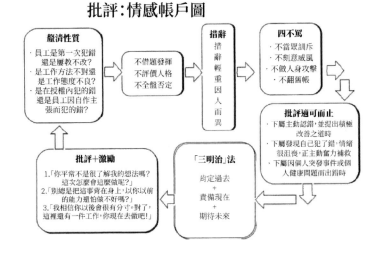

思路一，理清性質

給自己幾分鐘時間靜一靜，想想批評的目的是什麼？搞清楚後，接下來的施力的點就不一樣。不然批評就流於情緒的發洩，容易挫傷下屬自尊心。

思路二，三不觸及

借題發揮和全盤否定不一樣。借題發揮好比把員工這件工作沒做好，扯到他另一件工作沒做好上，兩邊完全無關；全盤否定是指眼前這件事沒做好，就認定他其他事都做不好。常見語言模式有「你從來都是這樣沒頭腦！」、「你根本不行！」、「這麼簡單的事都做不好，你還能做什麼？」、「你這種人絕對不會有出息！」等。

借由批評工作來評價人格，非常不恰當。比如評價下屬的長相、身高、年齡、收入、家境、學歷、個性、能力、人品、人際關係等。最好就事論事，不然下屬會反感牴觸，認為上司在沒事找事。

批評式的交談分為兩個層面：內容闡釋和過程闡釋。

內容闡釋就是就事論事。過程闡釋就是談自己的感受和體會，分析下屬的動機。這樣很不經意地就把批評演變成了窺探、揣摩甚至人身攻擊，也就是「沒事找事」。

過程闡釋不是不能涉及，而是看事件主體、性質和場合。過程闡釋往往是心理諮商師的工作專業，職場上使用不當的話，就容易造成人際界限不清。

不過，親人、知己、好姊妹是可以過程闡釋的，因為他們的人際界限本來就是不清的。也正因為這些「不清」，導致關係相處並不一定融洽。

思路三，措詞輕重，因人而異

對平時臉皮厚、自律性差的員工，措詞語氣可以嚴厲點；對臉皮薄、自律性好的員工，點到為止。要相信自律性好的員工是有自省能力的。

應慎用教訓人的口氣。現代企業的上下級關係，脆弱得不如伴侶關係。即便是伴侶關係，也只是一個男人對一個女人，任何一方施以父母般的權威，企圖去教導對方，愛也會受到侷限。何況是同事關係呢？

明代的洪自誠在《菜根譚》中說：「攻人之惡勿太嚴，要思其堪受；教人之善勿太高，當使人可從。」就是先考慮對方的承受度。

思路四，四不罵是批評者的四條底線

當眾被罵，下屬會覺得羞辱，非但無助於改進，反而可能心生怨恨。當然，有時含沙射影、指桑罵槐，也是管理者無奈的警示和留面子，試探犯錯的下屬能不能自覺糾正。

為了威風而罵人更要不得，這個辦法嚇唬嚇唬剛上班的小孩可以。看似自己立威、對人震懾，下屬雖唯唯諾諾，心裡卻不當一回事。

人身攻擊是什麼語言惡毒就罵什麼，怎麼過癮就怎麼

罵，言辭汙穢、臟字連篇，甚至觸犯下屬隱私禁忌，這絕對不恰當。基本上一次就足以毀了上下級關係，以後修復起來極其困難。

比如，本章開頭那個學員說，「上司打電話叫我上去，把我臭罵一頓，罵我是豬。然後也不說原因，後來就不了了之了。」這個上司罵人毫無道理，下屬至今耿耿於懷也是必然的。

翻舊帳也很令人生厭。除非「舊帳」與眼前這個錯誤有必然的因果關係，為了警示下屬不犯重複性錯誤而為，不然又變成了借題發揮。

思路五，批評的時機也很重要

隨時隨地隨性罵人，下屬很快就被罵到疲憊、罵到麻木，以致把上司罵人當成取樂。只要發生前面圖中三種情況之一，下屬若有自省能力，上司就別得理不饒人，批評當適可而止。

思路六，「三明治法」是批評的最終目的，也是最佳結果

狂飆突進、直截了當地罵人，容易傷人自尊。較好的做法是，先肯定下屬的認真與表現，再指出眼下的失誤和後果，共同商討對策，提出改進意見，後續跟進支持，並期待下屬以後會做得更好。這樣下屬通常不會因為責罵而陷入沮喪，反而受到正面激勵後加以改進，把事情做更好。

思路七，批評＋激勵是對批評效果的行為上的內化和鞏固

　　試想，一個下屬被罵完後垂頭喪氣、自信頓失，覺得在這家企業待了也沒用，自暴自棄，變成了習得無助，多麼可怕呀。

　　所以，批評後僅僅安撫下屬情緒是不夠的，還要讓下屬感到你的用意是為他好，體會到你起心動念的善意。

　　「你平時不是很了解我的想法嗎？這次怎麼會這麼做呢？」下屬會覺得上司嚴厲批評是對他期望值太高，並非要否定他。

　　「別一直想這件事，以你以前的能力還怕做不好嗎？」下屬會感到這次錯誤的確很嚴重，上司暗示我不要一直念著，並非讓我隨便就忘掉，上司還在肯定著我的能力，並非對我徹底失望，以後的事還會交給我做，我要將功補過呀。

　　「我相信你以後會很有分寸的。對了，這裡還有一件事，你現在去做吧！」下屬被批評後突然聽到上司這麼一句，深感自己還被認可，轉憂為喜，會因內疚而更加賣力，不然怎麼對得起上司的苦心？

　　心理學家卡爾‧羅傑斯（Carl Rogers）提出「無條件正向關懷（unconditional positive regard）」的治療理念，原本是諮商師在心理治療中對個案應持的態度，借用到與員工心理互動中也一樣可行。總結起來三句話：

　　對下屬有高要求，就得給下屬高關愛。

　　給下屬設高目標，就得給下屬高情感。

盼下屬有高成就，就得給下屬高鼓勵。

關愛、情感、激勵，是人性所向，不論哪個時代。

再者說了，員工再大的過錯也抵不過《三國》裡的馬謖，也罪不致死。馬謖不聽王平之諫，丟了街亭，犧牲了兩萬多兄弟性命。諸葛亮只能揮淚斬馬謖。電視劇在開斬馬謖前有一個精彩橋段，可以給管理者提供一個新視角。

馬謖被五花大綁推進帳。

馬謖：丞相。

諸葛亮：幼常啊，你自小飽讀兵書，精熟戰法。我也屢次告誡你，街亭乃我軍根本之地。可你到了陣前，目空一切、好大喜功，不聽王平之諫，失守街亭。幾乎令我大軍陷入萬劫不復之境啊！你自己說，該當何罪啊？

馬謖：街亭失守，皆是我一人的罪責。我立過軍令狀，甘當軍法！

趙云：丞相，馬謖雖有過失，可念在其跟隨先帝和丞相二十多年，我看念其舊勛，罪免其死，以後讓他將功贖罪吧。

費禕：丞相，馬謖不可輕饒！我幾十萬大軍靠什麼凝聚軍心？靠的就是賞罰分明。言必行，行必果。如果立了軍令狀而不執行，那今後還有誰會嚴守軍令？丞相，如果你寬縱於他，軍威何在？

魏延：丞相，天下未定，蜀漢地狹人少，謀略之士本就

不多,馬謖平日做事勤勉,又熟知兵略。此次街亭之敗,皆因敵兵太多,並非馬謖一人之過。

眾將士齊跪:丞相,開恩啊,饒馬謖一回吧!

馬謖罪過如此之大,眾人(包括諸葛亮)還能用「三明治法」,肯定馬謖過去的成就。諸葛亮真是個心理大師,暗示馬謖自己承認罪責,同時又讓核心團隊充分民主,正反方意見兼顧。馬謖痛哭流涕只求一死,死而無憾,唯死方能報效丞相恩典。

殺馬謖示眾,以明正典刑。馬謖雖沒有「未來」了,可斬馬謖真像一幕服眾立威的心理劇,預示著劉備團隊更好的未來。

批評下屬,可不能只顧埋頭批評,而忘了對下屬「肯定過去」和「期待未來」啊。這樣才能豐富彼此情感帳戶,讓上下級關係進入良性循環。

方法三: 沒人是為了懂你而生的

職場因關係帶來的壓力,希望上司提升管理水準,做下屬的也要提升自身的心理抗壓力。

遇到一個「懂你的上司」,是幸運;遇到一個「不懂你的上司」,你又不得不做下去,怎麼辦呢?

1. 上司不是為了懂你而生的

世上沒有一個人是為了懂你而生的(包括父母),也沒有一個人是專門為了欺負你而來的。上司很忙,沒有精力時

時刻刻懂每個下屬。盡量學著自己懂自己，自己關照自己。

2. 干工作不是為了眼巴巴等上司懂

提高自身的工作實力比上司懂更重要。上司也不可能一輩子是你上司。上司也在等上司的上司懂他呢。

3. 他不懂你，你讓他懂

你為了讓上司懂你，主動做過什麼嗎？

一位學員曾給我提供了這麼一個案例。

她說主管有一次誤會了她，她想申辯，主管根本不給她機會。她心裡很委屈，眼淚滴滴答答流下。之後她化絕望為文采，把一腔委屈傾訴於文章，巧妙地把第一人稱改為第二人稱，也沒有指名道姓說主管不對。文中的主角反倒告訴自己要調整心態，多替主管著想，要堅強，要反思，要成長，還感謝了主管一番。

文章傳在她的社群網站，被同事看到了，同事覺得寫得很好。同事跟主管關係不錯，就推薦主管也看看。聰明的主管一看，馬上明白怎麼回事了，心裡就很過意不去，並主動找這位學員表達了歉意。

無論這位學員是有意為之，還是無心插柳，總之，她用自己獨特的方式讓主管懂她，而不是眼巴巴等著主管來懂。

4. 他不懂你，你懂他

有個學員問我：上司指示工作，表達要求不明確，詢問時他又說不清具體想要的內容，然後工作匯報時反覆修改，

直到他滿意為止。過程非常令人煩躁！

上司果真如此的話，這位置坐得也實在夠危險。顯然這下屬可以做上司的上司了。怎麼調整呢？

（1）了解上司布置任務的目的和動機，本來就是做下屬的職責。上司說不清楚，可能是上司也沒有想得太清楚，但也給了下屬與上司深入交流的機會。這是個彼此建立信任和默契的過程。

（2）上司說不清具體想要什麼，正是下屬主動建議的契機。先把自己的意圖和思想列出來，讓上司選擇，過程中要有耐心，多次核實反饋，盡量少做重複工作和無效勞動。或者先做一部分試探性工作，中途適時再溝通，發現苗頭不對，立刻變更，並再次跟進確認。

（3）請別人的上司巧妙暗示自己的上司（千萬別弄巧成拙，讓上司覺得沒面子），這比自己直接指出上司的不足更妥當。

（4）這類憑主觀決策的上司也要反思自身的工作效能。讓下屬陷入無休止的重複工作，本身是對人力資源的極大浪費。總是這樣的話，時間久了，位置可能也被下屬取而代之。

尤其那種囉囉嗦嗦講不清楚話的主管，的確讓下屬心煩。

有個笑話就是說這個的。

某一天是一對夫妻結婚 25 週年的紀念日，老婆問先生：「忘了今天是什麼日子嗎？」先生說：「我沒忘。」老婆接著說：「那就做不一樣的事情啊！」先生想了一下：「你冷靜 20 分鐘，如何？」

5. 你當了主管，才會更懂別人

有了前面這一番心路歷程，有一天你當主管了，豈不是更容易懂下屬？換位思考是件很不簡單的事，僅僅有這個理念是不夠的，還需要經歷、體驗和感悟。我稱之「非經過，難換位」。

有一次，晚間航班因我而晚點 20 多分鐘。

那天因為白天上課太累，我在候機廳椅子上睡著了。廣播叫了我的名字多遍，竟然都沒吵醒我。突然，一個美女把我晃醒：「你是那個 ××× 嗎？」

我懵懂回答：「是！」

「廣播都叫了你 20 多分鐘！就剩你一個沒登機了，快！」

幾步跑到登機口，我聽到地勤人員對這個美女說：「真佩服你，你是怎麼找到這個人的？」我這才想起自己剛才一直用帽子蓋住臉睡覺，那個美女找我一定花了不少力氣。

以前在機場總是聽到廣播反覆呼叫遲到乘客的名字，吵得人很煩。心想：「這些人都去做什麼了？丟下他們算了。」沒想到自己的名字也曾很煩別人。

經過這件事我才明白，換位思考其實是換心思考。你經歷過一回，心裡才會對別人多一份理解，也多一份感謝。

超越是非，尋求結果

現實的人際關係是靠「效果」來維繫的，與動機無關。強調動機而忽略效果，是人際界限不清的又一表現。

效果，是考量關係的第一要義。

而實際上我們更願意也更擅長爭論動機與對錯。可是，因人際關係引發的矛盾，在職場上往往說不清對錯，或者說只有掌握話語權的人才有資格決斷對錯。

怎麼辦？超越對錯看效果。

一個醫生興沖沖地說：今天手術很成功，但病人死了。

醫生是站在治療的終極目標談成功的嗎？是站在患者和患者家屬的角度談成功的嗎？顯然不是。醫生說的成功，是他嚴格按照手術流程規範，沒有背離經驗而違規操作，更沒有職業道德瑕疵。可是，病人家屬想要的並不是這些啊。

手術很成功是對錯問題，病人死了是效果問題。究竟要專注於對錯，還是要專注於效果？不得而知。

方法一、誰痛苦誰改變

這是哲學的認識論問題，建立於「超越對錯看效果」基礎之上。

關係的本質是對方有發言權，而不是自己。當一個人處在痛苦的關係中，若還想保留和修復這份關係，首先不是拷

問誰對誰錯，而是評估一下誰更痛苦。

原則上說，誰痛苦誰改變。不一定是拷問誰犯錯誰改變。

況且，判別人對錯的標準究竟由誰來定？這讓我想到一句耳熟能詳的話，叫「路見不平，拔刀相助」。這兩件事現在看來都是違法的——「平」與「不平」，難道由拔刀者自己訂定？攜帶凶器也是妨礙公共安全的。

「改變」就是誰負責去「解決問題」。誰痛苦誰改變，聽起來有點不合理。其實也沒什麼合不合的，因為犯錯的人有時未必最痛苦，被錯誤擊傷的一方反而更痛苦。比如，那英有首歌〈一笑而過〉：「你傷害了我，還一笑而過。你愛得貪婪我愛得懦弱。眼淚流過，回憶是多餘的。只怪自己，愛你所有的錯。」

你看，犯錯的人自己並不痛苦，還非常得意。反倒是承受錯誤的人更痛苦，竟然還愛上人家所有的錯。這不是自輕自賤嗎？

對此也不必太悲觀。雖是「誰痛苦誰改變」，更重要的是「誰痛苦誰成長」。不是每個人都那麼幸運，都有這種成長機會的。用弗德里希・尼采（Friedrich Nietzsche）的話說，「那些殺不死我的，必使我更強大。」

這個智慧的女人痛定思痛，不再糾結於對錯，而是怎樣趕緊改變，怎樣自己療傷。於是，後面的歌詞變成了「解

決」──「心碎千百遍，任誰也無法承擔。想安慰自己的語言。」

看來語言的暗示作用真的不小。語言是意識的載體，意識改變了，行為也跟著改變成長。

職場案例：

我的主管總是恐懼失去完全的控制感，因此不斷向下屬施壓，增加工作量，把簡單的事情複雜化，導致有些工作明知不可做卻硬做，效果並不好。怎麼對待這種煩惱？

首先，這位學員勇於獨立思考、力圖高效做事的態度值得肯定。遇到這樣的主管，他沒有我行我素、消極對抗，而是保持了相對清醒的自主思考。

本書最後一章會談到「高峰經驗（peak experience）」。有高峰經驗的人更有自主性和相對獨立性，心理會更健康。一個對主管低效工作作風一味盲從或隨波逐流，那種八面玲瓏的「濫好人」、毫無原則的「和事佬」，其實工作是缺乏幸福感的，更不可能體會到「高峰經驗」。

其次，更新自己的語言模式。盡量用「問題解決式語言」替換「問題分析式語言」。具體操作如下。

問題分析式的語言──

‧「為什麼他總想控制別人？」

‧「簡單問題為什麼要複雜化？」

· 「是什麼原因導致他這樣的呢？」

· 「我怎麼遇上這樣的主管呢？」

· 「我為什麼這麼糾結？」

· 「這件事為什麼總是會發生？誰造成的？」

問題解決式的語言 ——

· 「什麼人、什麼方法有助於解決問題？」

· 「我希望解決後出現什麼樣的好結果？」

· 「事情解決後我有什麼收穫？」

· 「為了解決問題，我現在可以做什麼？」

· 「最快的解決方法什麼時候可以出現？」

· 「我如何想和如何做會對自己解決問題最有利？」

不是不需要反思和分析，而是不主張陷進反思和分析之中。問題分析式的語言把人的能量都往後拉，忙於追討問題的原因；而問題解決式的語言，把人的能量向前推，把力量聚焦於問題的處理。

在這個案例中，還可以做哪些深層次的練習呢？

1. 珍惜「問題」

不期待問題發生，但珍惜問題的存在。問題困擾了我們，問題也滋養了我們。因為問題可以讓我們成長。

2. 自己與自己對話

覺察自己才能允許別人，感知別人才能關照自己。

· 「我為什麼特別看重這件事呢？」

・「我是怎麼做到在他手下還能繼續工作的呢？」

・「我從這件事中得到了什麼成長？」

・「我在什麼情況下就可以讓他不那麼做呢？」

・「這件事在什麼情況下會不那麼嚴重呢？」

・「這些發現對我的影響是什麼？」

・「對這件事的態度和處理能證明我有什麼能力嗎？」

・「如果說能從主管那裡學到東西，我可以學到什麼呢？」

・「我如何找到資源來幫助我處理這個困境？」

・「如果我想進一步改善與他的關係，可以在哪些方面有所不同呢？」

・「假如能說聲感謝的話，我可以感謝他什麼呢？」

透過這樣的自我對話練習，提醒自己多關注那些「已經做到的」和「已經開始努力的」，而非糾纏於「沒做到的」和「已經失去的」。同時提醒自己，任何問題不會一直在發生，總有「例外」的時候，積極發覺和尋找被遺忘的資源。

「例外」是指問題應該發生，卻沒有發生。

比如一位女士哭訴長期遭受丈夫的家庭暴力。諮商師就問：在什麼情況下，他不會打你呢？女士答：沉默和順著他說。「沉默和順著他說」就是兩人關係中的「例外」。可見，這位女士在衝突時常常挑能激怒對方的話說，唯恐語言不夠刺激，感覺不夠解恨，因而被打得更慘。其實，解決問題的

資源往往就藏在「例外」中。

方法二、包容是人際關係最好的潤滑劑

原來喜歡對方的，後來吵架了、得罪了，彼此傷害了，關係破裂了，不來往了，這司空見慣。

但從厭惡、鄙視、仇恨、老死不相往來能重新回到接納對方、理解對方、喜歡對方的，這並不多見。

為什麼呢？因為包容別人實在是件不容易的事。

本章開頭那位學員說「與同事之間發生了劇烈衝突，後續還要繼續合作，似乎總覺得有些彆扭。」問我該怎麼辦？

可以嘗試以下步驟逐步化解。

第一步，先請第三方去探探對方的口風，如果對方也感到自己確有不妥，正好有臺階可以下。對方如果很強硬，不妨暫時放置一下，請主管幫忙換個職位，先冷處理一段時間。

第二步，誰先主動示好，誰最有姿態，誰先占據心理優勢。能包容的人最能贏得欣賞，畢竟群眾的眼睛不揉沙子。未必一直等著對方示好，自己先放下架子，更能挽回面子。

第三步，如果感到自己應負主要責任，更要主動向對方道歉，不論當面道歉、傳訊息道歉、書面道歉還是請人傳話，態度要誠懇。誤解和衝突太深，動用一封長電子郵件或手寫書信來解釋道歉，也未嘗不可。

一次道歉不奏效，就多來幾次。相信「真誠能讓鐵變

溫」，最怕「死不認錯，活不見人」式的逃避主義。

　　第四步，如果衝突是當著同事面發生的，請主管單獨跟大家解釋一下，避免亂傳播。假如是彼此誤會，更要儘早由主管或第三方當面斡旋，防止以訛傳訛、一誤再誤。

　　第五步，最好請主管在培訓時安排一次遊戲，把兩個人分在同組，在遊戲的配合中逐漸修復、淡化尷尬。工作衝突可以在工作外化解。

　　第六步，有必要的話，請主管和同事吃餐飯見證。握手言歡，冰釋前嫌。

　　關係在很多時候是刻意維繫的結果，尤其當彼此誤會時。

　　「關係壓力」只能靠「推動關係」來化解，要特別注意借力使力。衝突雙方自行解決比較尷尬時，要善於請第三方調解。調解人未必是主管，但要有智慧，不能幫倒忙。

　　工作中的碰撞和衝突永遠存在，沒有「包容」這個潤滑劑，彼此都會很難受。

　　同事之間沒什麼不共戴天的仇恨。培養主動、真誠、包容的胸襟，格局放遠點，處理起來就更容易。「不打不相識」，誤解和疙瘩一旦解開，同事關係甚至會比以前更好。

　　說到這，有人可能會問：包容的品格是否可以從小有意識地培養呢？回答是肯定的。

　　心理實驗：

　　實驗者讓孩子們四人一組一起玩耍，對一些小組內的孩子們的友善行為給予獎勵，對另一些小組的孩子們的攻擊性行為也給予獎勵。

　　接下來實驗者故意挫傷所有的孩子，其方法是讓他們看一部精彩的電影，並發給他們一些糖果。當電影達到高潮時突然中止放映，同時收回孩子手中的糖果，讓他們自由玩耍。此舉無疑對孩子們是一種挫傷。

　　結果發現，事先被訓練學習友善行為的孩子，在受到挫折後，比其他組的孩子表現出更多的包容行為，而很少攻擊性行為。

　　這個實驗可以表明，只要我們有意識地訓練自己，用一種正向的、有建設性的、可控制的方式去面對挫折和壓力，我們就可以在今後面對諸多挫折時，不會產生過強的挫敗感，能夠用平靜的心態看待生活，以便找到更健康的方法應對挫傷。

　　還有什麼辦法可以激發人的包容心呢？

　　多讀一些包容的故事和案例，和包容的人交朋友而接受其啟發教育，增長智慧和悟性，培養包容的人格，方不失為正道。

　　新聞案例：

　　一個青年因為追討朋友欠他的幾百塊錢，而失手刺死朋友。庭審的時候，青年的母親得知兒子將被判處死刑而暈

倒。而失去兒子的母親竟向法官求情，求法官從輕發落凶手，並表示她能夠理解另一位即將失去兒子的母親的痛楚。最後，青年被免於死刑，改判十二年有期徒刑。青年向朋友的母親長跪不起，表示他極為深切的懺悔和無盡的感激。

這件事讓我思考良久。自古以來，「欠債還錢，殺人償命」是天經地義的事。青年刺死了他的朋友，他朋友的母親理當要求青年為其子抵命，這在法律上，在人情上，都無可厚非。但這位母親在經歷了喪子之痛後，反倒深切同情起那位即將失去兒子的「仇人」的母親，同病相憐的深度共情，使她寬恕了那個青年，並代他向法官求情。

正如金菩提上師發願：「以一燈燃百燈，百燈燃燈千千萬，自明明他他更明。」這位母親的偉大在於她那顆高貴寬恕的心靈。

偉大的母親滅掉了她的心頭怒火，也令一個誤入歧途的生命迷途知返，得以新生。她的行為雖悖常情，卻具無上慈悲。

高山仰止，雖不能至，心嚮往之。

韓國有部電影《密陽》，描述的情境與上述案例很相似。主角申愛的兒子被無辜地殺害，她喪失了繼續生存的勇氣。直到宗教給了她精神救助，她才得以暫時喘息。然而，信教之後的心靈也沒能真的平靜。她內心很想寬恕弒子凶手，可她真的做不到。申愛內心自我矛盾的分裂更符合人性

的複雜，反過來才映襯了前面那位母親的偉大。

我在研究情緒的過程中，發現喜怒憂思悲恐驚「七情」，每種情緒既有正面意義，也有負面意義；反之，既有負面意義，也有正面意義。但是，有一種情緒，我至今找不到它有什麼正面意義，就是仇恨。因為，仇恨只能招致更大的仇恨。武俠電影裡經常有這號人：「我活著的唯一目的就是找你報仇！」太可怕了。

這給我們最大的啟發是，工作中的人際衝突，要想辦法把它解決在情緒層面，千萬不要積重難返，上升到信念層面。一旦上升到信念，就可能變成恨。羨慕嫉妒恨，就是這麼不經意演變的。

方法三、學會放下，學會道歉

處理好一般的工作人際衝突，需要有「放下」的胸襟和格局，而有些行業本身的性質，就要求員工必須具備道歉的素養和能力。

美國社會心理學家卡蘿·塔芙瑞斯（Carol Tavris）說：「一條狗可能會因尿在地毯上被逮到而顯得神態沮喪，但它絕不會思考如何為自己的錯誤行為辯護。」

其實，人將自己錯誤的行為和決策合理化，是一種緊張衝突的狀態，也是一種認知失調的不愉快感覺。

法國哲學家阿爾貝·卡繆（Albert Camus）說：「人類是用盡一生來證明自己的存在不是荒謬的一種動物。」有些

人好像既不喜歡讚美又懶得道歉，即使自己犯了錯。這並非含蓄不含蓄的問題，而是愚蠢不愚蠢的問題。

過去我研究了很多服務業投訴案例，發現大部分投訴都屬於「死投訴」，即由服務者情緒發作引起的衝突，屬於虛擬的「態度問題」。這類投訴，既沒什麼利益之爭，也不存在經濟賠償；既無道理原則可講，也無處理標準可循。說不清道不明但又只能透過溝通來化解，需要真誠的道歉才能有效處理。道歉上升為一種服務藝術，而不是服務技巧。

我經研究發現，服務中的道歉，要過「八大關」。思路如下：

1. 心理關：道歉在心理上是個不情願的事，好像一道歉就是自己有錯，要承擔責任。做到這點並不容易。

2. 情緒關：無論客戶是否有錯，他們的情緒和要求都是真實的。客戶發洩負面情緒也需要付出能量，大發雷霆的人氣血耗損很大。服務者控制情緒很多時候比爭辯是非更明智。

3. 勇氣關：確係自己的過錯就要道歉，不然越鬧越僵。道歉既要真誠，還要儘快。道歉不誠心，不如不道歉，不然更容易激怒對方，適得其反。

4. 大局關：有的錯誤並非服務者本人造成，但依然引發了客戶的不愉快情緒，比如服務中硬體設施突然故障。服務者需要有大局觀，甚至有時還要替同事道歉、替公

司道歉。

5. 替身關：有些情況下，客戶的抱怨、斥責、謾罵可能是針對公司和政策的，對此服務者也要適當表示出同情和遺憾。此時，服務者只是個代表公司出面的人，不必事事對號入座。

6. 語言關：「不好意思」要慎用，因為不規範、不真誠。「對不起」和「很抱歉」也有區別。「對不起」是因己方過失令對方不愉快而致歉；「很抱歉」是對方提出的要求無法滿足或暫時無法滿足而致歉。

比如一位男客戶對女服務生說：「你們讓我白跑了一趟，你說怎麼辦吧？要不然你親我一下？」女服務生該怎麼說？女服務生說：「很抱歉！先生，我們暫時還不能提供這項服務。」這時不用「對不起」。

7. 磨練關：真誠的道歉不是毫無原則地妥協和退讓，而是處理衝突必要的機制。在生活的點點滴滴中磨練謙卑的心態，有錯就認、有錯必改，方可避免更大的麻煩和壓力。

8. 自省關：「忍」是道歉中最低境界，更高境界是「化」：淡化、消化、轉化。最高境界是「省」：內觀自省，多找自身的原因。如孟子說「行有不得，反求諸己」。

方法四、「關係處理」的更多思考

人這一生，總是在關係裡衡量，又在關係裡算計。想從別人眼裡看見自己的價值，又因在別人眼裡沒看到自己的價

值而失望和受傷。

　　我們渴望關係，又恐懼關係。渴望是因為關係可以給我們希望，恐懼是因為關係會毀滅我們的希望。當一個人無法確認自己的價值在哪裡，自然就會把自己價值的裁決權交給別人。這樣的人不肯相信自己，也不敢相信自己，更不願花心思去摸索自己的價值。總是眼巴巴期待著對方的一句肯定，不是恩賜勝似恩賜。

　　由此，吉杜‧克里希那穆提（Jiddu Krishnamurti）說：「每個人都是心理上的乞丐。」我們總是等著別人關心自己、照顧自己、遷就自己、肯定自己和給自己希望。就像有的女人戀愛時讓男友寵著自己，結婚後仍然要老公百般寵著自己，卻忘了作為一個女人應該做的份內之事。這是極其危險的事。

　　你依賴誰，誰就可以對你有權利。有「權利」的關係，始終是一個難以平衡的關係。沒有依賴，就沒有傷害。

　　有一位學員跟我說，平時感受不到主管的關心，每天加班主管都覺得是應該的，個人價值被忽視了。

　　怎麼看呢？如果主管的表揚可以帶來一點實際的好處，如得到獎金或提拔，我覺得能夠理解。否則，恐怕只是飄忽的慰藉和虛榮的錯覺。

　　一個員工的價值，不可能因為上司主管的不關心而喪失，他只要做到不為取悅上司主管而工作和明確自己足夠有

價值就可以了。當他可以向內心證明自己的價值時，他就永遠不會失去任何東西。

紙條一：如何信任自己的丈夫？如果丈夫既不接電話又晚回家，我就開始恐懼害怕。外面的世界誘惑太多，所以我擔心太多。怎麼克服呢？

當這位女士提出這個問題時，她在關係中已經把自己擺到較低的位置。可以肯定她的擔心和恐懼是出於愛，但擔心和恐懼不會變成真正的愛。真正的愛一定是在關係中建立了平等意識。既然是平等，就不應該讓其中一個成年人單方面總是猜謎語，而另一個總是出謎語。

外面世界的誘惑不會因為這位女士的恐懼而減少半分。

這位女士要做的可能是，先尊重自己作為人的內在需要，空出大腦與身體來先愛自己。不然，失去對方之前已先弄丟自己。

持久的愛源於彼此發自內心的真愛，是建立在平等的基礎之上。任何只顧瘋狂愛人而不顧自己是否被愛，或是只顧享受被愛而不知真心愛人的人，都不會有好的結局。

紙條二：我經常對小孩子發脾氣，之後又內疚，該不該向孩子道歉呢？道歉會不會影響家長在孩子心中的地位？

這是一個借愛的名義提出的偽命題。這位母親彷彿在猶豫，又堅定地以為母親的地位來自堅持她自己的錯誤。她難道不擔心孩子會複製這個做法，今後在與他人的互動中也是

死不認錯嗎？

　　我們從小接受的教育之一，是從自己的錯誤中學習。假如不能首先承認自己犯了錯，又怎能從中學習呢？

　　每當我們犯錯時，假如憑藉自己聰明的大腦，虛構出免除責任的種種理由，並不斷強化自己的「聰明」和不會犯錯的信念，結果反而會令我們更加愚蠢。

　　紙條三：錯過的緣分，該怎樣挽回？

　　先確認緣分是否已改裝成了「天注定」的意念。如果是，緣分已經淡了。不是錯過，而是過錯。兩人世界現在還存在「天注定」這回事嗎？

　　假如雙方都還有拚力一搏的機會，就儘管去搏吧，休管其他。反正人生能有幾回搏？雙方準備承擔一切就好了。如果大局已定，無力回天，就彼此祝福吧。反正一輩子也沒我們想的那麼長。

　　紙條四：家裡人總是催我回去相親，我自己並不想，心理壓力很大。別人是每逢佳節倍思親，我是每逢佳節想出家。

　　紙條五：父母逼婚。但雙方當事人都覺得結婚尚早，與父母無法達成共識。現在跟父母通電話，結婚是唯一的話題。煩！

　　在所有的關係中，最重要的是和父母的關係。和別人相處不來，可以解除關係；和父母相處不來，無法解除關係。

但不意味著要服從父母的任何要求。一些比較自私的父母，出於面子而強迫子女走進婚姻關係，子女更要有自己的主見和考量。你單身時一大堆熱心人來撮合你結婚，當你把孩子生下來才發現，原來婚姻只是夫妻二人的事，其他人都是過客的。你該怎麼辦？

現實的情形經常是兩人把孩子都生下來了，彼此還不在婚姻狀態。這很麻煩。

一個人不管多大多老，不管家人朋友怎麼催，都不要隨便對待婚姻。婚姻不是打牌，重新洗牌要付出巨大代價的。

當一個人獨自能夠愛好自己的時候，差不多可以走進婚姻關係了。獨自能夠愛好自己的人，即使失戀或離婚，也容易走出來，因為他們不必事事纏著對方。

紙條六：一個人遠離家鄉，公司地域偏遠，平時交往對象很少，周圍也沒有多少異性選擇，無人傾訴，特別孤獨。

紙條七：我每週五 17:00 下班後到下週一上班前 9:00，超過 60 小時的孤獨。真不知道該怎麼辦。

這是兩個尚不能與自己相處的內心。本章開頭談到過宅男宅女過度依賴網路，不想與現實中人建立關係的事，但這和寫紙條的兩位學員可不一樣。這兩位學員是渴望跟別人建立關係，只是一時尋不到合適對象，屬於健康的心理訴求。

我的建議如下。

建議一，孤獨是珍貴的

　　孤獨代表一個人靈性的敏感，說明他在乎生命的價值和意義。只是現在資訊太發達，燈紅酒綠可享受的物質刺激太多，人越來越寂寞難耐。更多的人不懂怎麼享受一個人的時光，有些人為了避免被貼上「不合群」的標籤，下了班還刻意參加一些沒價值的社交活動，耗時間耗生命。

　　能在孤獨中把持自己，主動耐心做對未來有儲備價值的沉澱，是長遠的投資，有眼光，非常了不起，尤其對年輕人。孤獨是珍貴的，不是可恥的。

　　建議二，把孤獨用起來

　　想學而沒學的知識，想考而沒考的技能，想升而沒升的學歷，永無窮盡，辛勤的小蜜蜂哪有時間孤獨？趁年輕要抓緊，不然以後再學肯定是難上加難。白天在職場，大家看起來都差不多，人與人之間最後的差距，可能就在於怎麼利用八小時以外，在八小時以外誕生核心競爭力。而且這種孤獨感是很短暫的，這兩位學員顯然是大學畢業還沒有自己賺錢結婚、養孩子、養老人，等以後這些事都背在肩膀上，生命中焉有不能承受之輕？哪有機會再百年孤獨？

　　建議三，向孤獨要優秀

　　有計畫有目標地利用孤獨，儲備能量、深度思考，孤獨可以產生爆發和綻放的能量。但凡那些才華橫溢有所作為的人，大部分都是很會享受和利用孤獨的。那些視孤獨為死敵、一寂寞就抓狂的人，都將淹沒於芸芸眾生之中。

　　我曾狗尾續貂模仿王國維大師筆意，編了個「人生新三境界」：

　　只在此山中，雲深不知處 —— 尋覓的苦旅，此第一境界；飄渺孤鴻影，寂寞冷沙洲 —— 慎獨的情愫，此第二境界；誤入藕花深處，驚起一灘鷗鷺 —— 意外的收穫，此第三境界。

　　不經歷尋覓的苦旅，不深懷慎獨的情愫，豈會有意外的收穫？「意外」實在不是個意外，是瓜熟蒂落，是水到渠成。

以「懷舊」減壓

越來越多的「關係」成為壓力時，我們與世界、與他人、與自我的聯結，也可以借助一點更感性的方法來減壓。這些方法也許不是面對問題，也許不是斷然改變工作行為，但至少可以暫時平衡內心的不適，以重拾儲備情緒能量、再戰江湖的初心。

懷舊就是一種簡單易行的方法。

懷舊，並不是中老年人的專屬心理。懷舊的人更有人情味。在 KTV，經常看到八年級生也能把經典老歌唱得有滋有味。

工作生活節奏加快了，「成功焦慮」提前了，年輕人也開始用懷舊的方式減壓。

懷舊為什麼能心理減壓呢？

舊的東西往往都不會再變了，有一種穩定感、安全感，沉浸其中的人，可以暫時封鎖掉焦慮感、危機感。眼前的現實及每天面臨的變化、不確定性，容易造成內心波瀾起伏。而舊與今的對比，造成了心理的自我平衡。

懷舊會讓人感到與他人之間建立的某種關係，有助於降低孤獨帶來的負面情緒。社會上經常有「懷舊風」，以懷舊為賣點，滿足了一部分人的心理訴求。電影、繪畫、歌曲、

詩文、服裝、設計、飲食、用品等，都聯結著與逝去的人和事之間的內在情感。

懷舊，可以完全靠想像，也可以身臨其境。

味懷舊：聞到一種氣味，吃到一種飯菜，都可以瞬間令人不勝喜悅、感懷甚至憂傷。這是一種感官的刺激作用觸發另一種感覺的「聯覺」現象。為什麼無論走到哪裡，總覺得媽媽做的飯菜最好吃？因為飯菜裡有情有愛有關懷，是「舌尖上的故鄉」。

聲懷舊：聽到「新不了情」，你就想到那段虐戀情深，儘管你不是阿敏和阿傑。就連各大音樂比賽都時不時颳起一股懷舊風。

抽個時間，陪爸爸媽媽一起看他們從前愛看的老電影，唱他們愛唱的老歌，也是一種溫馨的家庭聲懷舊。

場懷舊：這可能就需要身臨其境了。光靠想像可能有點難度。有一陣子，我自己的工作壓力非常大。就一個人開車去了從前自己工作過的那家外資企業。那天，我在公司對面的雜貨店門口坐了一個多小時。

畢竟離開企業十多年了，聽說除了招牌和董事長沒換，重要職位的人都換了，物是人非。看著進進出出的人群，已尋不到從前熟悉的面孔。

我在這家企業服務了五年多，董事長很有社會名望，對我也特別器重。有意無意地，我在這裡創造了很多項「人生

第一次」──第一次用手機，第一次坐飛機，第一次住五星級飯店，第一次出國，第一次和心理學密切接觸⋯⋯

每個「第一次」都是最好的禮物和饋贈，轉化成今天的正能量，滋養並激勵著我。

由於當時年輕不懂事，也做過一些荒唐事。這些記憶今日回想起，或心動，或發呆，或莞爾，或傷懷，或苦澀，或感恩，或羞愧，或懺悔。

如果年齡再大一點，這種懷舊情懷就如同切斯瓦夫・米沃什（Czeslawmilosz）的詩〈禮物〉所述。

如此幸福的一天

霧一早就散了，我在花園裡工作

蜂鳥停在忍冬花上

這世上沒有一樣東西我想占有

我知道沒有一個人值得我羨慕

任何我曾遭受的不幸，我都已忘記

想到故我今我同為一人並不使我難為情

在我身上沒有痛苦

直起腰來，我望見藍色的大海和帆影

物懷舊：透過老照片，透過老電影，透過老書本，透過老宅老井老樹老池塘懷舊。若是博物館裡的老物品，那就是一座城市、一個國家的集體懷舊了。

這些物，是沉澱的符號。

　　觸發懷舊心理的往往是某些具有特定歷史意義的符號。這些符號可以是物化的歷史和人物，也可以是虛化的氣氛和文化。

　　符號就是力量。透過這些符號，最直接的心理減壓，就是讓我們更加珍惜今天，不為瑣碎的得失而過於介懷。

　　1948 年深冬，一名男子在 41 歲生日那天收到一封厚厚的信，這封信出自一個臨死的女人，講述了一段纏綿詭異的愛情故事，而這個故事的男主角對此卻一無所知。

　　這是電影《一個陌生女人的來信》（Brief einer Unbekannten）。

　　那封信就是懷舊的符號。

　　人懷舊：為什麼大家喜歡參加同學會？因為在別人臉上找回了自己的青春。逝去的親人為什麼永駐心底？因為在其他親人臉上依然看到他們的模樣。

　　「孤帆遠影碧空盡，唯見長江天際流。」送別了孟浩然，李白剩下的只有懷舊了。抽刀斷水水更流，舉杯消愁愁更愁。關山萬度、荊棘重重。春風亭下一杯酒，江湖夜雨十年燈。這一別何年何月重逢，誰都沒辦法肯定。珍惜每一次和所愛的人的分別，也許這一次就是訣別。

　　療癒「城市焦慮症」：一個人長期在城裡住習慣了，難免會厭倦。某天突然回到鄉下，等於閃回到從前記憶。什麼叫手可摘星？什麼叫寂靜安寧？什麼叫泥土氣息？什麼叫大

地情懷？

　　院落中鴨子的呱叫聲，村頭的狗吠聲，牆角的蟲鳴聲，田野青蛙的聒噪聲和鄰家孩子的哭喊聲……這些聲聲往事，怎不滌盪心緒？不禁讓人輕輕哼起約翰·丹佛（John Denver）的〈鄉村路帶我回家〉（Take Me Home Country Roads）。

　　小到一個人的一張老照片，大到電影劇作、文學藝術，懷舊會成為歲月靜好和激發能量的集體推動力。精明的廠商甚至還利用人們的懷舊心理，大力推動商業策略。

　　坦白地說，城鎮化建設日益加速，我們失去了許多寶貴的東西，家鄉也不是從前的家鄉了，也找不到羅大佑說的鹿港小鎮了。沒有了「長髮迎空」的姑娘，也見不到「媽祖廟裡燒香的人們」，看到的僅是「挖走了家鄉的紅磚砌上了水泥牆」的商人。

　　小時候看山很大，現在看山很小。小時候山上有樹，現在水裡無草。小時候人小心純，現在人大心雜。小時候繁星滿天，現在星辰稀少。小時候爸爸很厲害，現在爸爸很老。

　　從前彼此依存的鄰里關係、熟悉的童年環境，這些東西像煙雲一樣散去，抓也抓不住，只能透過懷舊慰藉內心的失落情緒。

　　避免病態懷舊：如果常靠懷舊減壓和聯結與外界關係的話，也實屬無奈。

社會節奏如此之快，不像以前 10 年一個代溝，現在 3 年就一個代溝。很多年輕人一時難以適應社會，跟不上發展變遷。懷舊是一種被動的減壓，它反映出年輕人對現實的種種無奈。

孤獨的人、老人、生活不如意的人、對未來缺乏信心的人，他們容易陷入懷舊情結。所以，要當心這種情結無限回溯蔓延。

有的人認定今不如昔，身體活在今天，心思滯留昨日，一言一行與現實生活格格不入，懷疑和否定身邊的一切，這種懷舊心理就有點病態了。過度懷舊還可能得憂鬱症。

回首來路，也得仰望星空；走好每步，更要心存高遠。

懷舊和進取不應該背道而馳。

懷舊不戀舊，倒車不翻車。

過度迴避現實、否定現實是不智之舉。

第 6 章
掌控自己的情緒

有一次，一位學員朋友寫了張紙條給我：

我現在最煩惱的事，就是看不慣職場上有些人，整天不好好做事，就知道圍著主管屁股轉，真看不下去！奇怪的是，他竟然爬得比大家都快，我更加生氣。

他的煩惱顯然由他人做主。

鄧麗君有首歌叫〈我一見你就笑〉：我一見你就笑，你那翩翩風采太美妙。跟你在一起，永遠沒煩惱⋯⋯

她的快樂顯然也由他人做主。

情緒，是內心的感受經由身體表現出來的心理狀態，可簡單理解成「心情」。

快樂代表好心情，煩惱代表壞心情。快樂代表正向情緒，煩惱代表負向情緒。

煩惱，是人對外部事物，對內心的不滿、擔憂流露的負向情緒。「別理我，我現在很煩！」情緒不對，趕緊撤退，惹不起。

情緒無時無刻不在左右著我們的生活品質，但人類對情緒的認識、研究和管理還遠遠不夠。許多培訓機構現在把情緒上升到「情緒生命」、「情緒勝任力」和「情緒生產力」的程度，以維護良好的「職場情緒生態」。尤其是當主管或老闆的，個人情緒已經不屬於個人，是團隊的共有資源，隨時影響到工作效能和公司發展。

我們對情緒的認知和管理，並沒有像科技發展得那麼快

那麼深。比如，一個很明顯的現象是，越是學歷高、學歷高
的人，對情緒越敏感；越是知識分子成堆的地方，越容易在
情緒上出現問題。

追尋生活中的快樂

先認識一下情緒與生命的深度關係吧。

「活著是為了尋求開心」這句話不是結論，是事實。雖然有點俗，也不得不服。

我父母那代人沒週末、沒假期，全年無休。我這一代有了星期天，後來又有週休二日。你相信未來一定會有三休日嗎？歐洲一些國家已經在實行四天工作日。換句話說，人類的工作時間只會越來越短，人類將不斷從工作中解脫出來，工作已不再是謀生的手段，至少不是唯一的手段。

那麼，空出來的大量時間要做什麼？

滿足情緒體驗。直白點說，就是尋求開心。

毫不誇張地講，今天我們就是為情緒而活的。

是啊，我們做的事越來越不是為了生存，也不一定具有生物學意義。比如 ——

網路成癮、遊戲成癮，是為了生存嗎？

抽菸、酗酒，是為了生存嗎？

在網路上狂上傳吃喝玩樂照片，是為了生存嗎？

夜場狂歡、通宵到天亮，是為了生存嗎？

一個人在床上翻撲克牌算命，是為了生存嗎？

整晚不睡覺看宮廷劇、肥皂劇，是為了生存嗎？

在 KTV 聲嘶力竭地唱歌，是為了生存嗎？

病態性賭博，傾家蕩產不悔改，是為了生存嗎？

背假 LV、戴假勞力士滿街跑，是為了生存嗎？

瘋狂旅遊、周遊列國，是為了生存嗎？

高空彈跳、玩雲霄雲霄飛車、深谷探險，是為了生存嗎？

沉醉於文學作品，看韓劇不能自拔，是為了生存嗎？

愛好玩樂器、練書法、變魔術，是為了生存嗎？

球迷跨國追球賽，為球哭為球笑為球狂，是為了生存嗎？

花巨款去維也納金色大廳看新年音樂會，是為了生存嗎？

再比如，男人對女人甜言蜜語有幾句真的？沒有不變的承諾，只有說不完的謊言。作家曾子航說，追到心儀的女人有三個辦法：1. 堅持；2.「不要臉」；3. 堅持「不要臉」。這「不要臉」不僅要動財力動體力，重點是要會哄女人開心，情緒好了，其他都好說。

就算哄到手，事情還遠遠沒完呢。男人不壞，女人不愛。這壞不是指心腸狠毒、自私無情什麼的，而是油嘴滑舌、花言巧語。傳統好男人以為婚後說情話是輕浮肉麻，說不出口。對別的女人這樣說情話是有點問題，可對自己老婆呢，就得油嘴滑舌一點。為什麼不能做個心好嘴滑的

男人呢？

　　這麼逗來逗去為了什麼？不就是為了她開心嗎？她開心了你才開心，你們倆都開心，就有激情了，就來電了。

　　有一次看電視，一位奇葩女孩得了「公主病」，不但特定節日對男友有特定要求，像 11 月 27 號「戀愛紀念日」、12 月 15 日「初吻紀念日」。女方要求的可不是一年過一次紀念日，而是每月過一次，就是說每個月 15 號、27 號男友都得送禮物。

　　女方還自己創造了無數個情人節，都要男友送禮物、陪吃飯。每月 14 號都是情人節：一月日記情人節，二月傳統情人節，三月白色情人節，四月黑色情人節，五月玫瑰情人節，六月親親情人節，七月綠色情人節，八月銀色情人節，九月照片情人節，十月葡萄酒情人節，十一月電影情人節，十二月擁抱情人節。

　　年輕人每個月要花一週時間絞盡腦汁去煩惱這件事，為了什麼？還不是讓女友開心？這該有多累人，最後他忍無可忍提出分手。

　　所以，對很多人來說，情緒高於生存，情緒決定生活品質。

深入探索情感的核心

人人都是伴隨各種情緒長大的，但不代表人人了解情緒。深度認識情緒，從情緒的六大誤解和七大特點開始。

關於情緒，我們的誤解可真不少。

基因論：與生俱來——「我天生就這個脾氣！怎麼了嗎？」

失控論：無法管理——「我都不知道自己為什麼這麼生氣。」

因他論：情有專屬——「我一看到他就覺得煩！」

委屈論：一忍再忍——「不忍還能怎麼辦？難道讓我打死他？」

綁定論：在劫難逃——「每次都這個脾氣，我算徹底栽他手裡了。」

優劣論：是非分明——「考成這個分數，我的臉都被你丟盡了！」

以上都是不恰當的論調。如果這些說法是成立的，豈不是說人的情緒只能由外界事物和他人左右了嗎？如此一來，我們的情緒永遠只能處於被動迎受，難道就沒辦法管理情緒了嗎？當然不是。

第4章談認知調節時，曾有一個重要結論：不是事情困

擾了我們，而是對事情的看法困擾了我們。

不僅如此，還要了解情緒的特性，不然，容易受困於六大誤解，也很難管理好情緒、提高情商。

經過梳理，我初步探索出情緒有 7 性。

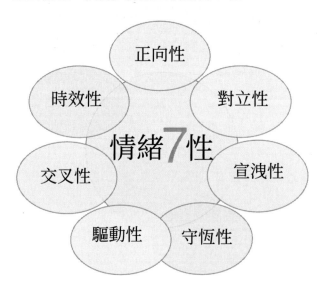

1. 正向性

人類具有嚮往正向情緒的天性，尤其在今天。我一直堅持認為，大腦偏好負向，人性偏好正向。

心理實驗：

給一個月左右的嬰兒同時看兩張照片，一張憤怒的臉，一張微笑的臉。嬰兒先看哪張臉？看憤怒的臉。嬰兒在哪張臉上停留時間更長？微笑的臉。

嬰兒先看憤怒的臉，是出於自我保護的本能，是大腦進化的結果。一萬年前我們的祖先在森林裡打獵，他們的情緒只專注在野兔野豬身上行嗎？絕對不行。因為身後隨時可能出現比他們更飢餓的豺狼虎豹。祖先們非常糾結，大腦要時刻儲備負向情緒，隨時防止被殺，怎麼敢分心走神？不然，就變成了禽獸的盤中餐。

現在社會昌明、生活豐裕，人類嚮往積極情緒的天性，在安全的環境和富裕的物質條件下顯現出來了。正所謂「倉廩實知禮節，衣食足知榮辱」。

爭論人性本善還是人性本惡，本身沒意義，要放在具體情境中來談。我至少認為「人性向善」。人類內心是嚮往正向情緒的，並不是過一次癮就死。

這就是為什麼正向心理學像一般純淨的清泉，具有更高的普世價值。因為它注重研究人類的正向優勢，如幸福、樂觀、感恩、包容、節制、幽默等，更貼近人心和人性。

2. 對立性

同一件事落在兩個人身上，一個人是愉快體驗，另一個人是痛苦體驗，表現出肯定與否定、積極與消極的對立性，好似電路的正負兩極，具有兩極性。

故事一：兩個人在沙漠裡探險，僅剩的一瓶水被灑了一半，一個說「完蛋，只剩了一半！」另一個說「幸好，還留了一半！」

故事二：兩個秀才結伴進京趕考，路上看到了一口棺材。一個秀才說：「真倒楣！趕考路上竟撞上棺材，晦氣！看來這次我沒希望了。」另一個秀才說：「棺材，棺材，預示我要升官發財，好兆頭！看來這次我一定高中。」

為什麼同一件事兩人會產生完全不同的情緒反應？誘因不是原因。說明情緒不取決於誘發事件本身，更取決於各自對事件的看法和態度。不同的情緒反應緣於不同的認知模式，與事件本身好壞並無直接關係（詳見第 4 章）。

一名醫學系教授認為：「如果說我們在經歷某些事情的時候一定痛苦，在經歷另一些事情的時候一定愉快，那麼心理治療師就沒有用處了。」所以，無論是對立性還是兩極性，背後的正性情緒或負性情緒都是相對的，不是絕對的。如果是絕對的，就意味著情緒無法管理。

3. 宣洩性

情緒是一種能量的累積，具有尋求歸屬的稀釋性和轉移性。就像自來水管裡的水，如果堵住了，水就變臭，管就變鏽。好比把一個人塞到小箱子裡，他只能蜷縮起來不能動彈。過兩天把他放出來，他就無法正常走路 —— 壓抑太久了。壓抑久了可能造成病態性壓抑，鬱積成病。

例如，面對一個因失戀痛哭的女孩，是勸她哭還是勸她別哭？最好勸她哭。她最需要釋放和宣洩。大哭之後，人的情緒強度可以減低 40%。如果勸她「你想開一點吧，別那

麼傷心。天涯何處無芳草,何必在一棵樹上吊死呢?」這種
不痛不癢的說教,通常沒什麼用。

另外,痛苦有人分擔,痛苦減少一半。煩心事找人傾
訴,就等於稀釋了負面情緒,不再那麼難受。好比讓你吃下
半勺鹽,你一定吃不下,把半勺鹽放在紅燒魚裡,你就吃得
下了。讓你吃兩顆蛋,你認為膽固醇過高,而把雞蛋攪在番
茄湯裡,你就吃得下。

情緒尋求歸屬,說明人都希望自己的情緒情感被他人共
享。假如遇到重大創傷事件,優良的社會情感支持,能幫助
人儘快從痛苦中走出來,對維護心理健康特別重要。

在我成長的前 18 年中,幾乎每年都能聽到家鄉某人因
為夫妻吵架、婆媳不和、父子反目而自殺的消息,有人跳
河,有人投井、有人上吊,有人喝農藥,有人吃老鼠藥……
現在想想,如果他們多一點積極情感支持,每次讓負面情緒
及時宣洩轉移,也不至於都走上絕路。

正面情緒和負面情緒都需要宣洩。正面情緒的宣洩往往
被理解成「分享」。快樂有人分享,快樂增加一倍。有點好
事不趕緊找人分享好像也能憋死那個人,吃塊臭豆腐也要上
傳照片到動態,巴不得讓全球知道。沒上傳過,等於沒吃
過。盡量上傳啊,只要我開心就行了,何必在乎其他人。

4. 守恆性

情緒既然是一種心理能量,就符合質量守恆定律。能量

既不會憑空產生，也不會憑空消失，只會從一種形式轉化為另一種形式。

心理實驗：

讓兩組隨機找來的大學生一起做一道數學題，這道題本身無解，但大學生不知道。A 組一邊做題目一邊吃巧克力，B 組一邊做題目一邊吃胡蘿蔔。問，哪組大學生堅持解題時間更長？

答：A 組。

為什麼？ A 組吃巧克力時並不羨慕吃胡蘿蔔的，而 B 組一邊吃胡蘿蔔，還一邊羨慕吃巧克力的。羨慕就是一種情緒，這個情緒會消耗自身能量，並轉化成對解題時間不夠堅持。

再比如，今早你一上班，第一件事就被老闆叫進辦公室批評一頓，你的能量就被耗掉了一部分。你到哪去補回呢？你很可能會找個不順眼的下屬再批評他一頓，用下屬耗掉的那部分能量來填補你的匱乏，你就守恆了。情緒沒有憑空消失，只是轉化了一次。

有人說不對呀，你前面說宣洩情緒就可以稀釋情緒，批評下屬不也是一種稀釋嗎？怎麼還守恆了呢？區別在於，宣洩是一種主動且有預期的行為，被宣洩者也做好了當「垃圾桶」的準備。而批評下屬洩火，下屬是無預期的，還會想著主動為你稀釋情緒？不恨你就不錯了。

5. 驅動性

情緒會為心理活動提供驅動能量。感知方向與情緒色彩是一致的。心在哪裡，能量就往哪裡跑。

舉個例子，每個機場的服務水準是不同的。有的小機場安檢員會拿金屬探測器對乘客說：「手抬起來！轉身！」你越覺得安檢員在喝斥你，你越容易發脾氣。有幾次，我就看到乘客跟安檢員發生爭吵：「你會不會說話？你審犯人呢？」

初戀的女孩在屋裡等情人，窗外豬拱地的聲音都像情人的腳步。

相思的男孩在樹下等女孩，樹葉沙沙響都像是女孩呢喃的絮語。

有個女講師傳訊息跟我說：「今天我在機場看見一個人的背影，很像你喔。我差點叫你的名字！」

我開玩笑地說：「你心裡想誰，就容易見到誰。」

反之，越害怕什麼，也越容易感受到什麼。

懷揣巨款走夜路，風吹草動都如同劫匪駕到。

與漂亮的女友逛街，對面的男人怎麼看怎麼像欲對女友圖謀不軌。

你越覺得主管不信任你，就越容易發現主管不信任你的蛛絲馬跡。

6. 交叉性

快感和痛感具有交叉滲透性。人的大腦有「快感中樞」

和「痛苦中樞」，它們交叉起作用。

　　巧合的是，痛苦中樞和快感中樞是鄰居，它們經常會串門。喜極而泣、樂極生悲，就是說一個中樞神經細胞放電過量，影響到另一個中樞神經產生的反應。

　　比如我們去 KTV 唱歌本來是娛樂的，既然娛樂，就該唱歡快的歌才是。可據我觀察，很多人更愛唱傷感情歌，充滿離愁別緒、愛而割捨、求而不得、痛不欲生的詞調。

　　原來這是痛苦中樞放電而影響到了快感中樞，於是苦感和快感共同完成了滿足感。痛並痛快著，不淋漓盡致不痛快。

　　痛感可以導致快感，從文學電影中的「悲劇」也可以看得出。我們看《第六感生死戀》（Ghost）、《比悲傷更悲傷的故事》、《一公升的眼淚》等悲劇哭得鼻涕眼淚一大把，可過後還是想看。那種悲壯、深沉、蝕骨、撕裂、劇痛、壓抑、蒼涼、毀滅，可謂推波助瀾、撞擊心扉。

　　大悲之後有大喜，幸福的情緒也需要包含痛苦。否則，「快感中樞」和「痛苦中樞」老死不相往來，交叉放電就起不了作用了。

　　7. 時效性

　　任何情緒都有過程性，沒有永不褪色的情緒，也沒有永恆不變的情緒。就像水果有保鮮期，食品有保存期限。再大的喜事也不可能歡喜一輩子，再大的傷痛也不可能難過

一輩子。

教授講了一個笑話，學生都笑了。半小時後教授又把這個笑話講了一遍，只有一半學生笑。當教授第三次講這個笑話時，學生面面相覷，沒人再笑了。教授說：是啊，既然你們不會為同一個笑話反覆快樂，為什麼總為同一個理由反覆悲傷呢？

時間是醫治痛苦最好的良藥。再大的悲傷放在時間長河裡，都渺小得不值一提，只要你不是躺在傷口上不起來。

況且一輩子到底是多久，誰說得清？此情可待成追憶，只是當時已惘然。時過境遷，物是人非，你無法再準確地把握當時的心理感受，歲月已幫你打磨覆蓋，所以才「惘然」。惘然，就是情緒的時效性。

比如有的男生失戀了，發誓要與女生同歸於盡，後來發現長期恨一個人也是很消耗能量的，不划算。漸漸地，對女生的消息不感興趣了。不感興趣還不夠徹底淡化，只是在刻意迴避。後來別人提到女生，也許被潛意識封鎖了，他竟然想不起她了。這就叫惘然。

六大誤解和七大特性，是我們了解情緒的窗口。透過這扇窗，對「喜怒憂思悲恐驚」、嫉妒、焦慮、冷漠、麻木、憂鬱等情緒的管理就容易了。

生活美好，我卻焦躁不安

這一節只談生氣這種情緒的管理。

1. 嗔心之毒何其大

「世界如此美好，我卻如此暴躁，這樣不好，不好！」這是《武林外傳》裡郭芙蓉的名言。

女俠郭芙蓉，絕對是個狠角色，全憑一招「排山倒海」行走江湖，脾氣暴躁也是出了名的。好在遇見呂秀才，得到其不斷教化，每逢不平事欲發作，總先念叨這一句，自能穩住心氣，化干戈為玉帛。

動怒生氣，皆為煩惱引發的心頭火，是嗔心之毒，是情緒壓力下的疑難雜症。

當事與願違時，我們身心就不能平靜，由此產生了暴怒、仇恨、憤慨、氣惱、妒忌等危害極大的負面情緒。身體狀況、人際關係、組織氛圍和工作效能受到極大影響。極端時，還會發生爭鬥，導致互相殘殺，輕則危害一人一家一團體，重則使社會乃致國家陷入災難。

其實，沒人喜歡生氣，也沒人會主動選擇生氣，但往往事到臨頭，沒辦法不生氣，而且越想越氣。人在生氣時，好比烏雲蓋心頭，你越想驅散它，越揮之不去。

每個人都不同，有人沾火就著，有人看似沒生氣，心裡

卻暗生悶氣。不管慢慢點燃，還是轟然爆炸，這熊熊怒火，燒掉了所有的功德 —— 親情、愛情、友情、同事情和一切福報善果。

所以，佛家把貪、嗔、痴並列為「三毒」，正所謂「一念嗔心起，百萬障門開」。

2. 中醫對生氣的解讀

生氣不像生孩子，生孩子比較麻煩，生氣可以隨時生。就因為可以隨時生，有人想怎麼生就怎麼生。

但生氣的後果究竟嚴重到什麼程度呢？我們未必了然。

以具體的例子來比喻，動物生氣就像一個國家備戰。比如蘇聯，戰爭時將大量軍備物資投入戰爭準備中，可後來戰爭威脅解除了，尤其是蘇聯解體後，邊境線上大批洲際飛彈和坦克就成了廢物，要花國家很大氣力去處理。

生氣也是這樣，人體要將許多資源進行調整，讓身體的配置進入「戰爭」預備狀態，準備應對接下來的戰鬥。一旦戰鬥消除，前面那些調整的資源就成了廢物，就要想方設法排出體外。

所以，生氣就像國家戰爭一樣，非常消耗身體資源和氣血能量。

中醫很早就發現生氣是最原始的疾病根源之一，是導致人體各種疾病的一個重災區。

「陰陽喜怒」是中醫心理護理的綱領。人們最容易忽

略、最難發現，也最難解決的病根，是心生的種種不良情緒。所以，幾乎所有的病，本質上說都是心病。

美國著名內科醫生、醫學博士約翰·辛德勒（John Schindler）出版的《病由心生：365 天的健康生活方式》（*How to Live 365 Days a Year*）一書研究得出：人類76%的疾病都來自人的自身情緒。中西醫在此處是相通的。

例如，從中醫的觀點看，生氣容易肝熱，反過來說，肝熱容易生氣。身心合一、互為因果。如果越難改變習慣與脾氣，惡化進度也愈演愈烈。最後不能大徹大悟的話，此人根本沒有回頭機會。

3. 生氣的等級劃分

我把生氣的級別劃分為以下幾個程度。

輕度生氣：臉色難看，語調高亢，言語攻擊。公共場合陌生人之間推擠，互相指責對罵幾句；夫妻過日子拌嘴，小吵小鬧；同事之間意見不合，互相抬槓爭執，等等，都屬此類。

中度生氣：臉氣得煞白鐵青，身體顫抖，牙關緊咬，氣喘吁吁，說不出話來。「我被你氣糊塗了！」你看，生氣可以讓人喪失最簡單的功能，連話都說不好了。

生氣時，大量血液湧向大腦，會使腦血管壓力增加。這時血液中含有的毒素最多、氧氣最少，對腦細胞不亞於一劑「毒藥」，加速腦細胞衰老。所以，生氣後腦子變笨了。人

一生氣智商變成五歲小孩。

另外，發完火，肝就會熱；肝熱，肺跟著熱，脾也跟著熱，造成失眠，無法正常睡覺。

重度生氣：氣瘋了！肺都氣炸了！暴跳如雷，歇斯底里，肢體動作大；肝內出血、吐血；痰多的病人，一口痰往上湧，瞬間窒息；心臟病、中風、高血壓、身體虛弱者，可能直接造成血管破裂、暈厥猝死，不死也留後遺症 —— 電影電視裡經常看到這樣的鏡頭。

我在飛機上曾看過一部外國電影 ——

一個醉洶洶的男人，衝進一對姐妹家裡，對其女友大聲說：「我朋友是酒吧調酒師，昨晚看見你跟一個男人跳舞！」

女友：「別把我當成你的私有財產！」

男人逼近厲聲喝斥：「跟你鬼混那傢伙是誰？！」

女友：「我討厭你這麼咄咄逼人！」

男人青筋暴綻，與女友扭打起來：「難道我配不上你？！」

男人一肘子把勸架的女友姐姐推倒在地，罵道：「你少管閒事！」

（電話突然響了，女友姐姐忙著去接。）

女友接過電話正要說，男人質問：「是姦夫打來的吧！」

男人突然搶過電話，把女友推到一邊，對著話筒歇斯底里：「你再打來。信不信老子打爆你的頭！」

女友過來搶電話，男人扯下話筒憤怒地砸向牆壁，嚇得孩子瑟瑟發抖。

女友邊哭邊罵邊打：「你這酒鬼、廢物！我要報警！」

男人嗓子已嘶啞，被女友往外猛推。男人袖子被女友扯破。

男人兩眼通紅、怒不可遏，掀翻了桌子、砸碎了檯燈，一腳把門踹爛……

這就是暴怒了。這兩人叫「情緒對稱升級」，你叫得凶，我比你更凶。我在想，幸虧他是個年輕人，若是身體虛弱的老人家，這番折磨，不暴死也可能半身癱瘓。

4. 生氣太貴了

哪怕我們只跟別人大吵 30 分鐘，身體就要花 2 天的時間才能完全恢復。在怒火攻心之後的一週裡，只要爭吵的情景回到腦海中，人體的壓力指數會再次回升。

如果本來就脾氣火爆之人，他的自我修復速度只是其他人的一半。一生氣就歇斯底里、雷霆萬鈞的人，更容易心跳急速上升，心臟病發作的可能性增加 19%。

還有一種氣屬於悶氣，這種人好像從來不大發雷霆，有氣往肚裡吞，在與人發生爭吵後忍氣吞聲，死於心臟病、中風的機率會高出其他人一倍。男性容易得十二指腸潰瘍和胃潰瘍，婦女容易得乳腺增生和乳腺癌。

由此我得出一個結論：短壽因為不能自控。

生氣太貴了！

「養家不可置氣，置氣不必養家」，越置氣越生氣，最後苦自己。明白了生氣所付出的巨大代價，心裡就會有所警惕、有所收斂，這就是一種自我管理意識。

5. 修養好 ≠ 不生氣

再好的醫生也不可能讓人不生氣，也沒有一種藥吃了就不再生氣。生氣這件事，與人的地位、知識、涵養、財富也沒太大關係。

聖嚴法師在《正信的佛教》一書中認為：生氣，可能是身體上、觀念上或其他因素引起的煩惱，不一定代表修養不好。如果能夠向內心觀照，用智慧來化解煩惱，也就不會自害害人了。

宋代思想家張九成造訪喜禪師，喜禪師問：「你來這裡為何故？」

張九成答：「打死心頭火，特來參喜禪。」

喜禪師聽了，就知他尚未悟道，故意試探說：「緣何起得早，妻被別人眠？」

張九成一聽禪師平白無故說自己老婆和別人睡覺，心中無明火起，氣憤地說：「無明真禿子，焉敢發此言？」

喜禪師微微一笑，不慌不忙地說：「輕輕一撲扇，爐內又起煙。」張九成聽了，慚愧不已，更加誠篤地皈依佛門。

可見，管理生氣和憤怒是件特別難的事，需要終

生修練。

以下有 11 個方法系統管理生氣與憤怒。

1. 情緒心像法

我發現，電影電視劇中，男女主角有煩惱心事，都喜歡跑到海邊去。閉上眼睛，身體放鬆，呼吸均勻，傾聽大海波濤，嘩嘩起伏，感受腳底細軟的沙子，嗅著淡淡鹹溼氣息，海鷗鳴叫，和煦海風吹過，椰林沙沙，彷彿在招手致意……完全放鬆的感覺真好。

煩惱，哪怕是憤怒，隨海浪搖擺，彷彿都被搖沒了。

心像（imagery），指當感知對象不在面前，頭腦中浮現出的形象 —— 知覺形象。它利用記憶原理，借助於形象、聯想及感覺，重溫過去已經學到和知道的東西。

心理學家卡爾・榮格（Carl Jung）說：「在夢境或放鬆狀態中，有意識地設想一個連續的夢的結尾。」

比如瑜伽音樂，帶有冥想和聯覺效應。幾乎動用了你眼、耳、鼻、舌、身所有感知器官。目的是什麼？也許為了榮格說的那個「連續的夢的結尾」吧。

仙樂飄飄心湛寧。借助音樂平復情緒，也是一種心像法。音樂治療本來就是心理治療重要的技術之一，比如莫札特的 A 大調第 23 號鋼琴協奏曲，對焦慮症就有很好的療癒效果。

一個人再怎麼生氣，晚上洗完澡，穿一身寬鬆衣服，把

自己置身於安靜的空間，泡一壺茶，點一炷香，吃幾顆葡萄，聽一段瑜伽或禪修音樂，抑或歐洲古典音樂的小夜曲、奏鳴曲，再或古琴演奏的古曲，如平沙落雁、平湖秋月、高山流水、春江花月夜。何等之愜意？千萬別聽《十面埋伏》，因為有殺氣。

2. 宣洩法

為什麼不叫發洩？發洩是負面的，不顧及別人感受的，容易引發人際衝突，不是傷人就是傷己。

宣洩是合理的發洩。什麼叫合理？你好我好世界好，符合「三好原則」，就是合理。

宣洩是將負面情緒透過合理途徑，進行排解、釋放、傾訴和表達。簡單地說，用一種情緒替代另一種情緒，讓你從負面情緒裡走出去，把注意力指向別處。

一個人剛跟別人起過衝突，最好盡量分散自己的注意力，暫時擺脫糾結的心理。

宣洩的對立面是壓抑。心理治療的祖師爺西格蒙德·佛洛伊德（Sigmund Freud）說：壓抑是個體成長的必需。個體心理成熟的過程，也是各種情和欲被壓抑的過程。

不壓抑是不可能的。人在屋簷下，豈能不低頭？從小到大，我們幾乎都是用壓抑保護了自己，因為很多事必須依賴別人，壓抑變成了慣性的客觀存在。

但過度的壓抑得不到釋放和宣洩，有可能形成病態的壓

抑。什麼難事、煩心事都喜歡悶在心裡，喜歡獨自默默一力承受，就好比一個人被鎖在箱子裡很久，他的腿腳會麻木失靈，不能馬上伸直，也站不起來，無法正常行走。

以下有五種健康環保的宣洩法。

（1）流汗法

憤怒就打球，流汗解千愁。透過運動來排遣自己的負面情緒。在第 3 章已有詳細敘述。

（2）朗笑法

愛笑，本身就是對負面情緒最好的轉移。經常朗聲大笑的人，至少不太可能得憂鬱症。

人在大笑時會抑制住許多不必要的壓力，發病率陡降。看一部搞笑電影，可以幫助睡眠，細胞修復的人體生長激素含量可提高 87%。大笑是非常划算的健康投資。

現在大家面臨高壓力、高節奏、高競爭，安全感缺乏，不確定因素增加，弄得越來越不愛笑、不敢笑了。

我有個直觀體驗，公共場合很少主動對人善意微笑，就算別人對我們善意微笑，我們大多也是愛理不理。最典型的莫過於飛機上空姐跟乘客打招呼了，你看有幾個人回應空姐的？

有一次，我在某城市上課，晚上在一個餐廳吃飯，鄰桌的一位大哥有點喝多了，大聲喧譁。我隨便看了他一眼，他卻瞪我了一眼：「看什麼看？再看我揍你！」你看，連看一

眼都有風險，誰還敢笑？

（3）日記法

將一腔心事付諸筆端，既是自己成長的一段珍貴記錄，又是轉移負面情緒的環保路徑。

若今天有做一件好事，回家後可以認真地將一天的瑣事記在日記裡，鼓勵自己繼續做好事。記錄自己做過的好事，以後每次溫習這些日記，都能把自己感動，內心會特別滿足，有什麼不痛快的事也就消散了。

（4）幽默法

幽默不一定是講笑話，幽默更像是詼諧風趣，是一種樂觀積極的人生態度，是機智，是境界，是大智慧，是慈悲心。

幽默的技術並不難學。網路如此發達，喜劇電影、豆豆先生、相聲、娛樂節目等，想怎麼學就怎麼學，想怎麼模仿就怎麼模仿。

我不認為幽默細胞是天生的，幽默更多是後天培養的。幽默的技術可以習得，但幽默的情懷很難習得。

（5）助人法

透過做好事或幫助弱勢人群來昇華自己的價值感，確認自己與他人的良好互動關係，消除衝突和敵意。電影《艾蜜莉的異想世界》（Le Fabuleux Destin d' Amélie Poulain）就精彩地詮釋了這個主題。

　　真想幫助別人，未必總在於金錢、物質、機遇上的幫助，有時就是三句話而已：在別人窘迫時說一句解圍的話；在別人沮喪時說一句激勵的話；在別人困惑時說一句點醒的話。

　　五種宣洩法，使用起來因人而異。宣洩也不一定只對人和環境，也可以擬人化，對寵物和物品宣洩。比如王家衛導演的兩部電影《重慶森林》和《花樣年華》，梁朝偉扮演的角色有心事時，對襪子、肥皂、毛巾、玩具、樹洞，都可以訴說他的煩惱。

　　只要能讓不良情緒得到合理宣洩的其他方法，也都是好方法。

　　3. 金聖嘆書寫法

　　明末清初有一位文學家叫金聖嘆，有一天突然心血來潮，一口氣在紙上寫了 33 個「不亦快哉！」這些讓他如此興奮的事，看起來都不足掛齒，有些還很無聊，但金大師自己覺得很高興。

　　其一：子弟背誦書爛熟，如瓶中瀉水。不亦快哉！

　　其二：推紙窗放蜂出去。不亦快哉！

　　其三：看人風箏斷。不亦快哉！

　　其四：還債畢。不亦快哉！

　　其五：久客得歸，望見郭門，兩岸童婦，皆作故鄉之聲。不亦快哉！

其六：存三四癩瘡於私處，時呼熱湯，閉門澡之。不亦快哉！

其七：十年別友，抵暮忽至。開門一揖畢，不及問其船來陸來，並不及命其坐床坐榻，便自疾趨入內，卑辭叩內子：「君豈有鬥酒如東坡婦乎？」內子欣然拔金簪相付。計之可作三日供也。不亦快哉！

看看他寫的第三件事，巴不得別人風箏斷線，單純很閒。

第七件事更不可靠，一個十年不見的老友突然不請自到，金聖嘆啥也不說，把朋友帶到飯桌前，問老婆：家裡還有酒嗎？老婆說：窮得只剩口水了，哪有酒？這樣吧，我把這金簪賣了去換酒，夠喝三天。倆口子真豪氣！拆了房頂放風箏——只顧風流不顧家。

「金聖嘆快樂書寫法」給我們的啟發是：快樂來自自己，可以強化。多發現村上春樹說的「小確幸」。一個人能為痛苦找到理由，就一定能為快樂找到理由，除非他想跟痛苦抗戰到底。

4. 一休制怒法

《一休和尚》改編自真人真事，歷史上確有其人。

一天，一休師父在安國寺修行，來了個商人。商人脾氣火爆，聽到狗叫都要罵幾句。他對一休說：「我外出幾年，賺了不少錢。但我最苦惱的就是脾氣不好，師父能不能教我

個辦法改改？」

一休說：「簡單。教你十個字，一個字一兩金子，共計 10 兩。」

商人生氣了：「這麼貴？！金口玉言呀你？」

一休狡黠地說：「智慧都是很貴的，就當你供養本寺吧。這可是長線投資呦！」

商人只好忍氣吞聲：「算你狠！」把金子給了一休。

一休說：「小怒數到百，大怒數到千。」

商人暗罵：「上當了。」氣得轉身往家去了。

半夜回到家，悄悄打開門，小軒窗照進朦朧月光，娘子在蚊帳裡想必睡著了。地上赫然放著兩雙鞋，一雙三寸繡花鞋，還有一雙男鞋。

商人見狀火冒三丈，拔出佩劍就想往蚊帳裡猛刺。陡然一想，白天不是花 10 兩金子買了 10 個字嗎？為何不試一下？

他強忍怒火，咬牙切齒開始數數，剛數到 250，驚醒了帳中人。娘子嬌滴滴地問：「可是官人？你可回來了，想死了奴家。」

商人一聽，哎呦，這不像做壞事的口氣呀。挑開蚊帳，發現只有娘子一人。「這地上的男人鞋，怎麼回事？！」

娘子羞怯地說：「哎！你個笨蛋。奴家日思夜想，天天盼你回家，就把你的鞋隨時放在這呀。見鞋如見人嘛。」

商人擦擦額上的冷汗，心想：「看來 10 兩金子沒白花啊。」

其實，一休制怒法好是好，我自己也用過，不太靈驗。

你想啊，人在氣頭上，火冒三丈，哪有心情數數啊？「愛情不是你想買，想買就能買」，憤怒也不是你想控，想控就能控。若能堅持數到 250，怒氣真的可以壓下去不少。

怒氣猶如藏在人體內的烈性炸藥，隨時會釀成大禍。炸掉的可能是自己的身體，也可能是自己的事業家庭，甚至是最寶貴的生命。

一休師父畢竟是大智慧的高僧大德，還是不妨試一試吧。反正 10 兩金子商人已經幫我們出了。

5. 刺激抑制法

憤怒出悍將，憤怒出莽夫，憤怒出炮灰，憤怒能出智慧嗎？

佛家講智慧，前面加了兩個字：清涼 —— 清涼智慧。靜能生慧，靜心才能生發智慧。

不妨借助物體來稍微抑制一下憤怒的情緒。

現在有一種「文玩核桃」，品相好的能賣幾千元一對。拍賣會上，一對揉了兩百多年，經過幾代人把玩的「四棱獅子頭」，以三萬元被一位玩家買走。

假如一個人動怒時，手中時刻把玩這東西，借助核桃的尖尖和粗糙的殼對手掌末梢神經進行刺激，也是一種靜心的

心理暗示吧。

當老闆的人如果愛發火，哪怕在辦公桌裡放一串念珠也行。

念珠對佛教徒來說，是計數和束心的工具，也是修行者之間的信物。

當一個人想動怒時，就立刻撥動念珠，口中唸唸有詞：「衝動是魔鬼，衝動是魔鬼」、「暴怒折壽，暴怒折壽」……有一定的靜心作用。

戰國時期魏國有個縣令叫西門豹，也是脾氣火爆的人（可能是名字有暗示作用），經常發火惹禍，他就讓老婆在他腰上掛塊榆樹皮，每想發脾氣，右手就馬上按在樹皮上用力摩擦，藉以抑制心頭火。

6. 內忍功

忍氣吞聲從健康上說並不是上策，但生活中衝動是魔鬼、發怒惹禍水。

當主管、當老闆、當下屬、當父母、當子女，都得學內忍功。為屬下者，要克己復禮，忍不了上司就得離職，忍不了同事就得獨自做，忍不了客戶就得退出。

可參考幾位歷史人物的功法——

一號人物雍正：雍正這個人，喜怒無常、脾氣火爆，他父親康熙多次批評他。康熙駕崩前，御筆親題「戒急用忍」贈兒子。康熙對雍正說，你性子急，每每要發火前，就盯著

這四個字。

後來雍正想動雷霆之怒，就凝視牆上爸爸的墨寶「戒急用忍」，算是對自己的一種約束，類似今天的座右銘吧。

「戒急用忍」包含著豐富的人文哲學思想，每逢大事有靜氣，知行合一必受益。

二號人物林則徐：電影《林則徐》有一個鏡頭，林則徐的臥室、書房牆上掛有一幅字：制怒。為什麼呢？原來林則徐小時候脾氣很差，做事毛躁，借此來時時警戒自己。

三號人物曾國藩：晚清重臣曾國藩的成就，也得歸功於一個「忍」字。官場失意，忍忿；同僚排擠，忍氣；戰事潰敗，忍辱；名利無收，忍欲；功高震主，忍嫉……一個「忍」字，貫穿了曾國藩一生；一個「忍」字，造就了曾國藩的輝煌。

四號人物李鴻章：李鴻章繼承了老師曾國藩的衣缽。我去過李鴻章故居，看到一幅李鴻章晚年手書對聯：受盡天下百般氣，養就胸中一段春。筆法豐腴厚重，結構跌宕生動，字體縝密嚴謹，富含唐人之韻。觀其書給人一種稜角內斂、運籌大度之感。曾國藩評價其書道：「觀閣下精悍之色露於眉宇，作字則筋勝於肉……」

7. 反向功

課堂案例：

我的主管就坐在我辦公桌對面，每天分配給我很多任務。

她非常愛唸，說這也沒做好，那也沒做好。她的壞脾氣總是影響整個部門，大家背後都抱怨嘆息。這導致我最近總失眠，尤其是週日晚更嚴重，一想到週一要上班就更睡不著了。

（1）反過來想問題。若主管是好脾氣的老好人，就一定幸運嗎？說不定他很自私，內心不想讓你變得強大而超越他。

（2）越是要求嚴格和囉嗦的主管，越要懂得珍惜。這樣的人可以幫助你成長，激發出你更多的潛質。對執行力強的人當然無需囉嗦，可是執行力強的人並不多。任何強大的公司都不會給員工絕對的舒適感，如果混日子的人都擠在一起，會有什麼結果？最後都混不下去。人的能力有很大一部分是被逼出來的。

（3）如果主管對下屬沒有高要求、高目標、高標準，只是礙於情面，用低要求、低目標、低標準，養出更多的小白兔、草莓族，這是對企業的失職，這種企業也會在商海中沉掉。

（4）是狼你就練好牙，是羊你就練好腿。因為主管的壞脾氣和嘮叨，就導致自己嚴重失眠，也要檢查一下自己的心理資本儲量夠不夠。

8. 泡腳法

如果有一通氣非發不可，或者你根本沒控制住，或是生了一肚子氣沒地方宣洩，堵得胸口難受，就得想個方法讓「邪氣」出來。

　　泡腳法和按太衝穴是沒辦法的辦法，是下策，是事後補救。

　　最簡單的「出氣」方法莫過於用熱水泡腳。根據季節不同，水溫控制在 40 度到 42 度，時間因人而異，最好泡到肩背出汗。短則半小時，血氣低的可以泡一小時以上。

　　現在市面上有各種泡腳器，有恆溫功能，還附加滾輪按摩，保健效果較好，泡腳很方便。當然，有了泡腳器，也不能亂生氣。

　　9. 按太衝穴

　　生完氣之後，只能設法將生氣造成的傷害減到最小。比如立刻按壓腳背上的太衝穴，有助於讓上升的肝氣往下疏泄，橫逆的氣滯才能出來。

　　太衝穴是肝經原穴，按壓它可以造成調節肝臟、平穩情緒的作用。因此，太衝穴是全身鎮靜鎮痛的要穴。通則不痛，痛則不通。反覆按壓，或借助按摩棒，直到這個穴位不痛為止。

　　10. 食療法

　　食物會影響一個人的氣質。

　　食肉強而悍，食穀智而巧，食氣清而壽，不食者不死而神。

　　食物也一樣可以改善人的情緒，陳皮和山藥在中醫上特別有利於疏泄肝氣。還有四類有助改善情緒障礙的食物。

（1）香蕉：富有胺基酸，具有神經傳導作用，可以增加血清素濃度，幫助穩定情緒。心臟不好、電解質不平衡者少吃。

（2）鮮奶：含色胺酸，它是血清素的前驅物，而血清素是製造多巴胺的原料。多巴胺對治療憂鬱症有很好的幫助。

（3）深海魚：像竹筴魚、沙丁魚、秋刀魚等。含有 DHA，俗稱「腦黃金」，是一種不飽和脂肪酸；還有 EPA，俗稱「血管清道夫」。它們可以保護大腦少受壓力的破壞，作用有點像手機保護膜。

（4）三蔬五果：人有七情六慾，人吃五穀雜糧、油膩葷腥，身體難免產生各種毒素（自由基），自由基隨著年齡增長會越積越多，自己卻無法排除，只有借助抗氧化性強的蔬果來協助排除。三蔬是青菜、蘿蔔和番茄；五果是指桃子、杏子、棗子、李子、栗子。

坦白地講，這是個治標不治本的方法。不有意識地強化做人的修為，食療法恐怕也是最沒用的方法，而且還浪費食材。不過，用，總是好過不用。

11. 順應法

一個人用盡前面所有的方法，還是改不了愛生氣的惡習。只有去信教了，讓宗教來度化吧。

如果還不行，乾脆就學會欣賞自己的情緒，順應它，跟

情緒和平共處吧。

就當「最壞的情緒也是最好的成長」。你就看著情緒來，看著情緒走，什麼都別做。

因為，憤怒也有很多積極意義。憤怒裡包含了力量和自尊，「兔子急了也咬人」，那是被壓抑的力量突然爆發了。憤怒出詩人，憤怒出效能，憤怒出尊嚴。憤怒的人都不會過於自傷，不易患憂鬱症。雖然憤怒中蘊含著力量資源，至於怎麼用這個資源，就是個人的選擇了。

有的人為何總改不掉壞脾氣？我想，可能是這個脾氣在他成長中給他帶來好處了。如果他天天因為這個脾氣被罵、被打、被人追殺，他會不改變嗎？

課堂案例：

一位做主管的學員私下對我說，他總愛對父母發脾氣，對員工發脾氣，對陌生人發脾氣，比如對服務人員。是不是他的控制能力太差了？為什麼不能控制情緒呢？

我問他，你會對上司發脾氣嗎？他說不會啊。我說，你已經控制得很好了。如果真控制不好的話，你早被解雇了。你是撿軟柿子捏，發得起你就發，發不起你就妥協。我倒想請教請教你，你是怎麼把握好這個分寸的呢？

情緒是一種能量，如果執念去戰勝它、囚禁它、驅除它，情緒就施以更強的反作用力，身體就會被迫站出來反抗，身體一旦反抗，各種疾病也產生了。

　　我不是鼓勵有了情緒就百無禁忌、胡亂發洩，只要宣洩符合你好我好世界好「三好原則」，不積重難返就可以了。

　　在西方，如果你在飛機上吵架打架，就別想大搖大擺下飛機。有人會把你帶走，送到專門的心理治療中心治療半個月，評估後才能重返社會。這叫衝動控制障礙，是一種心理疾病，需要治療。

　　理性地講，改善壞脾氣，是一場恆長又起伏的修行。

　　剛才案例中那個學員，當他哪天因為發火吃了大虧，臉被人打腫，自然就知道回頭了。這叫「多麼痛的領悟」。

　　前面 11 種方法都在想辦法化解憤怒，問題是我們常常還必須表達憤怒。那麼，怎樣積極地表達憤怒呢？

　　最好的辦法莫過於，直接和促使你憤怒的人坦誠交談，將情緒釋放出來。比如說「我很生你的氣，因為⋯⋯」如果我們氣得想指著誰大罵時，說明憤怒已經積壓很久了，處於如鯁在喉不吐不快之境。

　　請注意，在宣洩完你的憤怒後，儘早原諒令你憤怒的人。原諒才會給你自由，只有你才是原諒的唯一受益者。如果不原諒，你所做的一切並沒讓你好起來，等到下一次，你又重複你的憤怒。可是，釋放憤怒不等於重複憤怒。你可以說：「好吧，一切已經發生了，也過去了。雖然我反感你的做法，但我知道，以你現有的年齡和能力，你已經做得不錯了。你自由了，我也自由了⋯⋯」

嫉妒的夜晚與內心的壓抑

我上高中住校時，教室晚上九點半熄燈，我就趕快回宿舍床上看書。宿舍十點半熄燈，我又趕緊點蠟燭在蚊帳裡看書。同學之間暗暗比較，別人不睡我就睡不著，等大家都睡下了，我還睡不著，為什麼？要聽到別人打呼我才放心。

說來這個心理很簡單：我怕別人成績超過我。

真叫「今夜的嫉妒讓我如此壓抑」，嫉妒是人類情緒中最強烈最痛苦的一種，太折磨人。

1. 我們為什麼愛嫉妒？

有部電影托《聖經》之名，說嫉妒是人類七宗罪之一。

嫉妒是人們為競爭一定的權益，對相應的幸運者或潛在的幸運者懷有的一種冷漠、貶低、排斥、甚至是敵視的心理狀態。

嫉妒混合了恐懼、壓力與憤怒。當一個人妒火攻心，血壓和脈搏會有波動，免疫系統將受到威脅，且非常焦慮。

嫉妒的心理前提是愛比較，還有自卑感，還有恨，略帶一點正義。羨慕嫉妒恨，有點像滑雪，一不留神就一滑到底。（第 4 章已經說過東方人「比較軟體」的問題。）

我再說一個自己的例子。

一個講師，他羽毛球打得比我好，我會不會嫉妒他？

不會。因為我根本就不愛打羽毛球。

一個講師，他做菜比我做得好，我會不會嫉妒他？

不會。因為我不喜歡做菜，更不打算當廚師。

一個講師，他講課比我講得好，我會不會嫉妒他？

可能會。因為這也是我的夢想。

你的同事，你的主管，你的客戶，你的朋友，你的兄弟姐妹，你的情敵，甚至陌生人，都可能成為你嫉妒的對象。

人在兩種情況下，大概不會嫉妒：一是做父母的不會嫉妒孩子；二是皇帝不會嫉妒別人，除非對方也是皇帝。

一個人要是誰都不嫉妒，也有問題。除非他應有盡有，不需要嫉妒。不然，這個人也太容易滿足，太沒上進心了。

嫉妒是人類的好朋友，是情緒的信使，也是一盞通向希望的號誌。它告訴我們想要的是什麼，以及有多麼想要。我們都有嫉妒心理，說明我們內心的需求未被滿足，才會被嫉妒劇烈地撕扯著。

這真是一條不易之路，處理好了，是成長的動力；處理不好，什麼事都會發生，甚至慘不忍睹。

2. 我被人嫉妒，怎麼辦？

「不受天磨非好漢，不遭人妒是庸才。」

戴爾·卡內基（Dale Carnegie）說得好：「誰會去踢一隻死狗呢？」你如果是傻瓜笨蛋，誰嫉妒你？朽木不可雕，爛泥巴扶不上牆，會被人嫉妒嗎？

（1）心態積極一點

快找沒人的地方幫自己打氣：我何德何能，別人竟然瞧得起我啊？

發現誰在嫉妒我們，或有意造謠中傷，至少說明我們某些方面比他優秀，他把我們當潛在競爭對手了。知道了，就不必那麼生氣。

（2）冷靜思考一點

樂完之後用冷水澆澆腦袋。

別人嫉妒我的，是我靠真本事獲取的嗎？還是靠巧取豪奪、潛規則、惡性競爭？如果是前者，問心無愧睡得好，別人想怎樣就怎樣；如果是後者，別人嫉妒恨也屬正常。

（3）反思低調一點

為什麼有人不服氣？誰不服氣？哪裡不服氣了？是不是自己太張揚了？在職場上，得便宜賣乖、還高調炫耀的，最容易被人討厭。

高歌猛進又韜光養晦的修養，可以參考一下婁師德。

《資治通鑑·卷第二百五》記載：……其弟除代州刺史，將行，師德謂曰：「吾備位宰相，汝復為州牧，榮寵過盛，人所疾也，將何以自免？」弟長跪曰：「自今雖有人唾某面，某拭之而已，庶不為兄憂。」師德愀然曰：「此所以為吾憂也！人唾汝面，怒汝也；汝拭之，乃逆其意，所以重其怒。夫唾，不拭自干，當笑而受之。」

　　什麼意思呢？唐朝名臣婁師德的弟弟即將出任州長，赴任前，來向兄長辭行，同時討教一點做官經驗。

　　婁師德說：現在，我當宰相，你當州長，你知道別人會怎麼看我們兄弟倆嗎？

　　弟弟說：我猜想他們一定會嫉妒我們。

　　婁師德說：Yes！那你打算怎麼對付他們呢？

　　弟弟認真地說：老大，你放心。我雖然不聰明，但尚有隱忍之心。從今往後，有誰往我臉上吐唾沫，我會悄悄擦掉。就算人家故意挑釁，我也裝著無所謂，絕不給你惹麻煩。

　　婁師德搖搖頭，憂心忡忡：這正是我擔心的。你想啊，人家為何向你吐口水？就是為了侮辱你。你卻把口水擦掉，這不是掃了人家的興嗎？人家沒達到目的，怎會罷休？最好的辦法是讓口水在你臉上自然風乾。

　　弟弟聽了，欽佩之至：老大，你太厲害了！我怎麼沒想到呢？

　　成語「唾面自乾」就是這麼來的。

　　實話實說，修成婁師德這種境界，何其難也。

　　一個內心有長遠抱負的人，不會輕易表露志向，以免招致意外阻撓。劉備曹操青梅煮酒論英雄，曹操說：老弟你別在那假裝啦，天下英雄只有你和我。劉備嚇得筷子掉在地上，天空剛好打個炸雷，才掩飾了劉備的萬般驚恐，他趕快

回家閉門種菜。如果劉備藉著酒勁跟著吹捧：對對對，天下就是我們的啦！當晚他就死定了。直木先伐，甘井先竭。所以，春風得意的人更要學會收斂鋒芒。

3. 我嫉妒別人，怎麼辦？

（1）理智法

理性上要承認一個事實：天外有天，人外有人，強中自有強中手。你再厲害，總能找到一個比你更厲害的，凡事皆是。再者說了，憑什麼非得是你一直厲害下去呢？

風水輪流轉，今天也許就轉到人家那裡了。這麼一想，心胸就敞亮點了。你不理性，就是給自己添麻煩。

你那麼生氣別人的成功，可能是不太了解人家背後的付出吧。就像本章開頭說的那個學員，別人拍馬屁爬得快，反而把自己弄得那麼煩心。何必呢？人家拍馬屁也是需要很多付出的。

作家冰心說得好：成功的花，人們只驚羨它現時的明豔。然而，當初它的芽兒，卻浸透了奮鬥的淚泉，灑遍了犧牲的血雨。

（2）自喜法

為什麼要自喜？但凡喜歡嫉妒別人的人，容易看到別人的長處，忽略自己的短處。稻米飯蓋不住獅子頭，每個人都有自己的優勢，都有值得沾沾自喜和可以亮劍的一面。

誰身上還沒個優點和缺點呢？為什麼總拿別人的強項打

自己的弱項呢？被你嫉妒的人再優秀，也肯定會有不如你的地方。你要跟我比口才，不太可能，因為我練 10 年了；你要跟我比頭髮，你完勝！這樣，能讓失衡的心理天平復位。

重新調整，再次出手。相信風水輪流轉，說不準明天又轉回你這裡了。沒有永恆的贏家，只有蒸熟的龍蝦。別被嫉妒之火蒸熟自己。

（3）轉移法

不給自己嫉妒的時間空間 —— 忙起來！網上有種說法很有意思：忙是治療一切神經病的良藥。一忙，也不傷感了，也不嫉妒了，也不八卦了，也不花痴了。平靜的臉上無怒無喜，看過去只隱隱約約地寫著一個字：滾。

無事生非。當我們有很多事要做，便無暇嫉妒別人。整天忙得像陀螺一樣轉，哪有時間嫉妒？

（4）昇華法

把嫉妒昇華成超越的力量。

嫉妒不可怕，可怕的是陷入嫉妒情緒出不來。用「化功大法」，把強烈的嫉妒心轉化成強烈的進取心，成為昇華自我的趨動力。化消極為積極，向別人學習，超越別人，讓別人反過來嫉妒你。

俄羅斯詩人亞歷山大‧普希金（Aleksandr Pushkin），因老婆跟別人劈腿，他妒火中燒，拿了把劍就去找情敵 PK。結果被情敵一劍刺中，一命嗚呼，賠了夫人

又送命。

兒女情長，英雄氣短。這就不叫昇華了。

相反，德國也有個詩人約翰·歌德（Johann Goethe），女朋友跟有錢人跑了，這讓他傷心透頂。他沒有哀嚎「為什麼受傷的總是我？」他沒找情敵決鬥，而是把一腔淚水藏在心底，埋頭創造了一部自傳小說《少年維特的煩惱》（*Die Leiden des jungen Werthers*）。這讓歌德一夜成名，由此帶來一生的榮譽和財富。

這又是昇華。

昇華就是把嫉妒的情緒變為正能量，往正向且有意義的方向發展，讓它具有建設性、創造性、發展性，對人對己對社會都有益。

昇華是應對嫉妒最成熟、最有張力的方法。

第 7 章
一切皆因不良個性

．．．．．．．．．．．．．．．．．．．．．．．．．．．．．．．．．．．．

　　這一章主要談壓力的個體因素及應對思路。

　　有些人，因為諸多不良個性而感覺壓力很大，卻不能自我覺察，反而把責任推卸到環境和他人頭上。從心理功能的社會性上看，把這類人放在哪個公司哪個職位，他們都會覺得壓力大，他們根本就沒有壓力不大的時候。應對的思路也很簡單：少說那些沒用的，這是個人的原因，自己去改善跟修練，別總是抱怨別人。

　　《三國演義》裡有個人物叫呂布，比較典型。

　　呂布天縱英才，自幼文武俱佳，堪稱千人不敵、萬夫莫擋，足見神勇。怎奈這天之驕子，卻是個少信寡誠、驕縱恃功、狡詐多變、勢利叛主的貨色。易主就易了六回，認父就認了三個。被張飛罵作「三姓家奴」。最終因劉備攛掇，被曹操縊殺，背下纍纍惡名。

　　用今天的話說，呂布這叫「誠信缺失症候群」。這種人在哪個職位都做不久，每天緊張兮兮的，易患精神官能症、胃潰瘍、心肌梗塞、腦溢血。

　　三國裡還有一位人物叫楊修，小聰明症候群，也屬於不良人格。他能言善辯，愛慕虛榮，過度膨脹，糾纏於瑣碎小事，胡亂揣度上位者的心思，散播負能量，破壞團隊維穩大局，聰明反被聰明誤，也被曹操誅殺。不良個性有很多種，本章只側重自我認知失調、A 型人格、僵化思考和苛求完美四類，加以分析調整。

警惕職場「曹丕現象」

「誰在用琵琶彈奏一曲東風破？荒煙漫草的年頭就連分手都很沉默。」悲情的調子透出無限的自卑情結。

心理學家路桑斯（Fred Luthans）率先提出「心理資本」概念，排在首位的是「自我效能感」，自我效能感在正向心理學中與「自信」通用。自卑是自我效能感匱乏，是自我認知失調。

人對自我的了解是個漫長而曲折的過程，終其一生也未必能弄清自己是誰。至少順治皇帝認為自己沒弄清 ——「未曾生我誰是我？生我之時我是誰？長大成人方是我，闔眼朦朧又是誰？」

西方的教育方式，是鼓勵為主，你在你厲害的地方做好時，給予你更大的鼓勵，讓你對未來更有自信。東方人呢？總是要全面發展，其實是平均發展，也是平庸發展。

自卑是人類如影隨形的頑敵，它來自於期望和現實的落差。

心理學家阿爾弗雷德・阿德勒（Alfred Adler）說，自卑感是人人都會有的情結，它源於童年時期的弱小和無助，如果再加上器質性缺陷或社會性損傷，就會形成一種複雜的自卑情結。

岳曉東教授提醒我們，要警惕職場的「曹丕現象」。

曹丕怎麼了？

岳教授把曹丕自卑的人格模式總結成：殘害手足、孤僻促狹、刻薄寡恩、報復心重。可想而知，這種人自己內心會快樂嗎？能不心有惴惴、壓力重重嗎？

曹丕的母親並非曹操的正室，曹丕也不是曹操諸子中的長子，更不是曹操最愛的兒子。曹丕至少遇上了四個強勁對手：大哥曹昂敦厚持重，大弟曹彰力能擒虎，二弟曹植才華過人，五弟曹沖是天才兒童。所以，曹丕從小得不到曹操的重視，患上了「身分焦慮症」。

職場人士的自卑情結倒不如曹丕這麼極端，主要表現有以下幾類。

1. 自怨自艾，懼怕競爭

工作缺乏挑戰精神，遇到麻煩就想做「縮頭烏龜」。「惶恐灘頭說惶恐，零丁洋裡嘆零丁」，不知哪來那麼多焦慮，年紀輕輕就想唱：「如果有一天我老無所依，請把我埋在這春天裡。」埋得實在早了點。

2. 敏感多疑，容易嫉妒

一顆脆弱的心就像鼴鼠一樣，嗅覺十分敏銳，對別人的一個「看法」都長存於心、揮之不去，非常計較別人的評價和不理解，還很擅長發現別人的短處，說話尖酸刻薄，讓人下不了臺。

3. 用自我封閉掩蓋自身弱點

不能真誠地與人交心，不關心他人，還總想得到他人的關心。難以忍受孤獨寂寞的煎熬，卻挺直了脖子硬說自己很超脫。

不妨再看學員朋友課上遞給我的幾張紙條。

其一，我最大的壓力來自於主管安排的異常困難的工作。

其二，我最大的苦惱是跟主管相處，總感到不自信。比如談話不能發揮正常水準，是我交流有障礙嗎？總是事後想起來，該說的話卻沒說。

其三，我最大壓力是主管每天就坐在我旁邊。吩咐我很多任務，做完總是嘮嘮叨叨，說我這也沒做好那也沒做好。主管的負面情緒直接影響了我，最近我總是容易唉聲嘆氣。

針對這類問題，工作中的自我效能感能不能開發和提升呢？回答是肯定的。

幾年前，我被邀請到一個偏遠的煤礦講課。課前礦長請我吃飯。礦長 50 幾歲，精瘦有力，燙著時髦的捲髮，尤其是他的樂觀豁達、詼諧風趣感染了大家。談到近 30 年的煤礦從業經歷，無限噓唏。他說，年輕時我也是個膽小怕事的人，假如井下不幸發生礦友遇難事故，我就心驚肉跳、寢食難安，下井的心情比下地獄的心情還沉重。後來竟然提拔我做了小主管，沒辦法，趕鴨子上架。再遇到礦友傷亡事故，

我只有硬著頭皮往前衝。這種事雖然不是經常發生，但發生了，就不能逃避。特別是想到傷亡者家屬的心情，我的恐懼和悲痛能跟他們比嗎？

有一次，一個礦友操作失誤，被瓦斯炸得血肉橫飛，沒一個人敢上前看。過去是「我只有往上衝」，現在是「只有我往上衝」。我心一橫就上去了，最後一塊一塊把這位礦友的遺體檢回來。幫我忙的同事上井後都嘔吐不止，幾天吃不下飯。我呢？什麼事沒有，該吃該睡。不是我鐵石心腸沒同情心，也不是我內心比別人強大，是一次次的殘酷鞭打了我，絕望鍛鍊了我、砥礪了我，責任心抗阻了我原來的懦弱。如果我再不學會樂觀豁達一點，這個工作誰還敢來做啊？我自己還不憂鬱死了？老師，你說是吧？

我內心很感謝這位勇敢豁達的礦長給我上了深刻的一課。這說明他的自我效能感是培養開發出來的。工作中如何培養自我效能感呢？

方法一、選擇自己最擅長的一個領域

簡單地說，就是在這個領域，你絕對說了算。這個本事就是你的天賦、你最大的優勢。你隨便做做都比一般人做得好。你做這件事，很容易達到自己和別人的期待，在過程中情緒表現是愉悅積極的。

比如有個年輕人最拿手的菜就是炒馬鈴薯絲，從食材、刀工、佐料到火候都十分熟稔，眼睛蒙塊布都比一般人炒得

好。大家覺得他是為馬鈴薯而生的，是「馬鈴薯王子」。他憑什麼會在這個領域自卑呢？第一次到未來的岳父岳母家，年輕人該展現什麼技能呢？當然是炒馬鈴薯絲。如果他臨時學做水煮牛肉，那不是自找難看嗎？

有些人在做自己不喜歡又不擅長的工作，自卑情結就變成了逃避情結、厭惡情結、壓力情結，職業倦怠提前就來了。

前面那位學員說「主管安排了異常困難的工作，是他最大的壓力，可以理解為他不喜歡也不擅長這個工作，或者他不想挑戰這個工作，覺得吸引力不夠，不值得。也許他借此在迴避什麼、對抗什麼，對誰有意見。反正我覺得心智正常的主管，不太可能安排一個讓員工絕對無法完成的工作。

方法二、觀察學習

培訓界有句名言：最好的學習是向你身邊的第一名學習。就是這個意思。

你模仿對象與你的實際工作越相似，效果越好。

透過觀察他人的行為和注意其行為的後果而學會新行為的過程，可以迅速提升自我效能感。一邊學習一邊用「想像」的幻覺（也是正向的心理暗示），把想像中成功的自己又當成別人模仿的榜樣。

講師作為外腦，其實也沒什麼大不了的。在員工成長中，同事中誕生的教練導師，往往比跨界高管、專業講師或

外部顧問更能有效提升個人的自我效能感。這也是一種集體效能感，能讓團體心靈相約，共赴願景、共享豐盛。

在觀察學習中，不僅需要身邊的正能量，也不能忽視了別人的失誤與失敗，它同樣是滋養你成功的養分。比如有些地方的公司部門，在提拔幹部之前，帶他們去參觀「反腐成果展」，以示警醒。

方法三、主動幫自己辦奧運

人類發展史就是一部自我超越史。

鋼管舞會不會成為奧運比賽項目？我覺得有可能。古代奧運只有一個項目，就是馬拉松。現在已經有 300 多個比賽項目了，憑什麼鋼管舞就不能列入呢？每增加一個比賽項目，是不是地球上首先有一群人在挑戰自己了？

無功利心挑戰自我侷限是人類成長的基因。

一家企業裡，難道不應該有人不斷去挑戰自身侷限嗎？大家習慣了「舒適圈」，只想選擇最擅長最容易做的事，不想主動選擇「一直想嘗試和希望做到更好的事」，這不是優秀人才所為。公司不可能照顧到每個人的個性需求，所以常常要面對「不想做又必須做的事」。做一行愛一行，就是主動幫自己辦奧運。

平心而論，難做的事和應該做好的事往往是同一件事。

工作如果沒有挑戰和壓力，本身就是最大的危險（第 1 章已經強調過了）。勵志電影能成為全人類的心靈雞湯，就

因為電影裡主角一定遇到了一個巨大的「挑戰事件」，最後完成了一個不可能完成的任務，觀者才受到了強烈震撼，從而引發了更積極的思考和行動。

很多人喜歡看世界盃，沐風櫛雨，通宵達旦，與鴨脖子、啤酒為伍，用瘋癲尖叫擾民，可工作中遇到挑戰就惶恐不安、怨聲載道。不知道他們從體育比賽中到底汲取了什麼？我稱這種「皮毛分離」的發瘋精神為「電視觀賽症候群」，離開電視機，又打回到懶惰的原形。

前面那位學員說，「主管總是嘮嘮叨叨，說我這也沒做好那也沒做好」，可能主管要求太高，也可能她不喜歡這個主管，又不喜歡這份工作，更不喜歡自己。這主管也是一張婆婆嘴，你覺得下屬怎麼都做不好，你怎麼不自己做呢？

話雖這麼說，當下屬的理應內觀己求，努力設法把事做好吧，做到讓主管無從挑剔。

方法四、反覆體驗人生第一次

在心理資本開發上，叫反覆體驗成功的感覺。它可以有效克服自卑情結，增加自我效能感。

劉歡有首歌《人生第一次》，是唱給母親的。

我第一次聽到的喲，是你的喊

我第一次看到的喲，是你的眼

我第一次偎著的喲，是你的胸口

我第一步走的路喲，是你把我攙

203

我第一次流下的淚水，是你幫我擦乾

我第一次聽懂的稱呼，是你叫我鐵蛋蛋

我在第 5 章「場懷舊」中曾談過自己的企業工作經歷，在那裡誕生的很多「人生第一次」，增強了我後來事業上的自信心。

人生有數不清的「第一次」，給我們留下了深刻的美麗回憶。積極意義的「第一次」要經常總結、回顧、重現。重拾這些記憶，可以提升我們的幸福指數，讓我們面對眼前的困難和挫敗時心態更樂觀。因為那些曾經有過的「輝煌」絕不因暫時的失敗而消褪，何必總是悲觀沮喪呢？

做上司的人，可以經常有意識地啟發員工總結自己的「人生第一次」，並創造各種機會，如演講比賽、徵文比賽，寫成劇本，讓別人成為演員，再重新演繹一次自己，做成微電影收藏等，都是激發員工自我效能感的好方法。

這就是阿德勒說的，完成對自卑的超越。

方法五、坦然接納自卑本身就是真相

自卑的人習慣於掩蓋真相，越刻意迴避真相，真相就越傷人。

有個男人坐在客廳看報紙，他老婆卻走到他面前搧了他一巴掌。

「你為什麼搧我一巴掌？」丈夫感到憤怒。

「因為你是個差勁的男人！」

沒過多久,當他老婆坐在客廳看電視,丈夫走過去甩給她一個響亮的耳光。「你為什麼打我一巴掌?」她對他怒吼。

他回答:「因為你發現了我是個差勁的男人。」

你看,有人戳破真相,有人害怕真相。

很多人已經很優秀了,但仍然無法消除自卑。不妨承認自卑,因為自卑就是真相。自卑的必然原因 —— 童年得到的愛太少。那又何必掩蓋呢?阿德勒在《自卑與超越》(*What Life Should Mean to You*)一書中認為:對優秀的追求源自自卑。假若自卑都得以治療,那追求優秀的動力就明顯不足了。

思想巨匠克里希那穆提曾說:「智慧源自與真相沒有距離。真相一定不是思考的結果,而是當你放下頭腦中的一切,空寂了,你與世界的自然相遇。」從這個意思上說,自卑不一定算是不良個性,至多是妨礙了我們臻於完善的過程而已。

方法六、糾正悲觀人格扭曲的思考模式

自卑的人更容易形成悲觀人格。

悲觀人格有個共同特點,把眼前的倒楣事歸因在三種解釋上:永恆的、全面的、都是自己造成的。這種歸因風格是扭曲的思考模式,一旦形成,世界立刻一片黯淡、前途永無出路可言。敢問路在何方?路已渺茫。比如,憂鬱的人大多誇大了個人精神的痛苦程度,認定自己所受的打擊舉世無

雙，用放大的罪惡感來懲罰自己，為自己套上了一個「受害者」的枷鎖。

可用以下三個理念加以調整。

1. 一件倒楣事發生，是暫時的、階段性的，不會影響到永恆，因為「永恆」是個時空概念，沒有不變的時空觀。

2. 這件事只是這件事，不必類化到生活的各個領域，不做無依據的關聯。個別不代表普遍，局部當然也不是整體。否則，變成了「絕望型悲觀」。

3. 倒楣事不一定不全由個人原因造成，為什麼只內歸因、只怨內在人格因素而不論情境因素呢？天時、地利、人和、運氣、機遇等因素都有，是多種條件下的連鎖反應。

前面那位同學說，自己和主管相處時總是不自信，覺得溝通有障礙，「總是事後想起來，該說的話卻沒說。」可能這個企業的身分等級森嚴，或主管太強勢，給下屬造成畏懼感，下屬又太在意主管的看法，說話就特別刻意，深怕說錯哪句話，結果，越怕錯越容易錯。

這位學員不用自責，跟主管打交道需要一個互相了解的過程，多向身邊的老同事請教。這次忘了說什麼，有什麼關係呢？再找機會補充說明，見上司比見總統容易得多。傳個訊息，寫張便條，都可以事後補救一下。

需要補充的是，自卑的人容易悲觀，但悲觀的人不見得自卑。有一種悲觀叫「防禦型悲觀」，是比較積極的悲觀。

這類人風險預測能力強，危機感重，能未雨綢繆、防患於未然，隨時多備一個應急方案，不致於陷入手足無措、不可收拾的地步。如電影《小時代》中用左手寫字的宮洺，他做事喜歡有 plan B（B 計劃）。

不同人格類型，不同壓力感受

人的氣質類型和行為特點如果有偏差，同樣會影響壓力感受。

嬰兒一出生只有氣質，沒有個性。

氣質是父母遺傳、具有與生俱來的特點。一般人用「稟性、秉性、本性」來替換，所謂「江山易改，本性難移」。

根據心理學家亞歷山大·托馬斯（Alexander Thomas）和史黛拉·切斯（Stella Chess）的研究，嬰兒氣質類型分以下三種：

易教養型（好帶型）：40%；

慢熱型（慢吞吞型）：10%；

難養育型（磨娘精型）：15%。

另有 35% 嬰兒無法簡單歸入圖中任何一種氣質類型，屬於混合型。有時好帶，有時難帶，有時能把撫養者弄瘋。

氣質類型圖

易教養型　　慢熱型　　　難養育型　　混合型

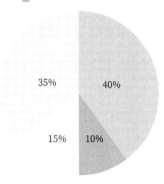

35%　　　　40%

15%　10%

　　難養育型和混合型的兒童長大後，可能會變成 A 型人格的行為特點。

　　A 型人格和 A 型血沒有關係，是 aggression（攻擊、侵略）的縮寫。

　　首先發現 A 型人格的不是心理學家，是心臟科醫生。他們發現醫院心臟科候診室的沙發、椅子、桌子、雜誌每天被患者弄得亂糟糟，其他候診室為什麼不這樣呢？這些病人身上難道有什麼共同特質？心臟科醫生統計了他們的主要表現：

　　1. 大都是急性子，與時間賽跑；

　　2. 成功動機強烈，以目標為導向，看重結果；

　　3. 工作投入度高，缺乏安全感；

4. 很少表達情感，容忍度低，易衝動；

5. 一次想做好很多事，效率高，吃飯說話走路都快；

6. 用數字來衡量自己和他人的成功。

企業家和高管菁英中這類人很多。他們最容易感受到壓力，易患焦慮症、心臟病和冠心病，極端情形下容易過勞、心肌梗塞、猝死。

這些人往往是工作狂，要麼除了工作幾乎沒什麼興趣愛好，要麼菸酒過度，藉以緩解內心焦慮。整天急躁不安，心慌慌，靜不下來，易疲勞、易激怒，頭皮到頸部的肌肉緊緊的，睡眠也不太好。

如《三國演義》中的周瑜、張飛、甘寧、董卓、陸遜基本可以劃歸 A 型人格。

周瑜年輕位重、風度卓然、文蹈武略，乃曠世之才。「羽扇綸巾，談笑間，檣櫓灰飛煙滅」的氣度，令後世儒將爭相效仿。因每次重大軍事決策總是諸葛亮技高一籌，「又高吾一頭，久必為江東之患」，這令周瑜極度焦慮，安全感蕩然無存。於是乎五次欲殺諸葛亮，剷除諸葛亮到了強迫意念的程度。後因氣惱導致箭瘡發作而死。

當然，這是文學作品中的周瑜，正史中的周瑜並非如此。

怎樣緩解 A 型人格帶來的慢性焦慮呢？建議使用五步驟方法。

1. 放空法

焦慮是一種現代文明病，是職場人士主要的情緒困擾。尤其是科技越來越發達，現代職場把人越來越異化成效率的工具，什麼事都要拚命地趕速度、創效率。造成人的自律神經不穩定，有人甚至一天上幾十次廁所，身體出現了這種怪怪的症狀。

每週雷打不動留出固定時間，把負面情緒放空，哪怕只有半天，也要把手機、電腦這些東西丟一邊，或交給別人。專心和自己的內心在一起，發呆、聽歌、瑜伽、冥想、打坐，哪怕僅僅大睡一覺。脫離工作情境的能力越強，減壓效果越明顯。

2. 關機法

合理安排時間，學會高效時間管理，杜絕低效率加班加點。有的企業加班加點累得要死，也不見得工作效能真的高。

如果不是老闆強制要求 24 小時開機，就養成晚上時間一到就關機的好習慣。腦袋睡前也要「關機」，清空白天的事。不然人躺下了，還是睡不著；就算睡著了，也容易做夢、淺眠。

越是成功的企業家和職場菁英，越要清楚自己肩負社會、企業和家庭的使命，自己的身體並不屬於個人，越要加倍愛惜。

3. 放鬆法

學會有意識地把自己置身事外，暫時隔離焦慮情緒。用深呼吸放鬆、肌肉放鬆和想像放鬆。想像放鬆集中在喜愛的輕音樂、瑜伽音樂、催眠音樂、古典音樂。拒絕自殘自虐放鬆法：暴飲暴食、抽菸酗酒、聲光電擊，這些不是健康的心理放鬆，是飲鴆止渴（可參考第 3 章）。

允許自己慢下來。只按「快進鍵」不按「暫停鍵」的人，遲早會跑死在跑步機上。

4. 求疵法

不刻意追求完美，更不苛求別人完美。工作中追求完美，也許上司會欣賞你。生活中也追求完美，就是追求極端。極端就容易失衡。

允許自己和別人工作中出現無傷大雅的小瑕疵，甚至主動去製造一點無礙的小瑕疵。只要不是像開飛機、動手術、算財務、設計大橋那樣的特殊工作，就不要事事那麼較真至完美。

「水至清則無魚，人至察則無徒」，生活中太精明、對別人太嚴苛，連朋友都沒有。

做上司的人，講究「大行不顧細謹，大禮不辭小讓」。幹大事可以不考慮細枝末節，行大禮可以不求全責備。事事要求一絲不苟，下屬太累了，自己更累。

5. 尊重法

世界是為 80 億人設計的，不是為哪一個人設計的。世界上沒有兩片相同的樹葉，也沒有兩個完全相同的人，要尊重別人和自己的不一樣。

他人和自己一樣重要 —— 這是人類艱辛爭取的基本權利。A 型人格的人會粗暴打斷別人說話。與人溝通中，盡量讓人把話說完，耐心聽完別人的話。

哲學家伏爾泰（Voltaire）說：「我不同意你的觀點，但我誓死捍衛你說話的權利。」

擺脫傾向僵化思考

個性傾向中的僵化思考和彈性思考，是影響壓力感受的兩個不同方向。僵化思考比彈性思考更容易被壓力困擾。

有的人精神壓力大，就是個性太沒有彈性了。

個性是個體行為的全部特質。個性貫穿於人的一生，也影響著人的一生。個性在西方心理學中叫人格，是個體穩定的心理特質。

孔子曾問道於老子，老子伸出舌頭說：你看看，我牙齒掉光了，舌頭還在不？孔子說：還在。老子說：柔弱勝剛強呀。

看來有彈性的東西比硬性的東西更有利於保存自己。

好比汽車輪胎要是換成鋼做的，耐磨是耐磨了，但你坐在裡面屁股受得了嗎？

什麼叫傾向僵化思考？簡單地理解，就是大腦沒彈性、不靈活，這也是一種認知缺陷。有的人大腦相容性比較好，有的人相容性就是不行。

虛擬案例：

有個企業專門生產肥皂，機械化程度較低，常常會有盒子裡沒裝入肥皂，流入市場很麻煩，於是花幾十萬請了一個專業的博士後，設計一套方案來分揀空的肥皂盒。

　　廠裡一位老師傅聽說後，從家裡扛來一臺舊風扇放在生產線旁邊猛吹，於是空皂盒都被吹走了。

　　這個網路故事有點誇張，這個方法在小工廠可以應急，用在大公司就未必可行。但老師傅的彈性思考卻讓人印象深刻。

　　如果用一個詞形容僵化思考，就是「倔強」。民間還有很多形容詞，如較真、刻板、偏執、死心眼、極端、腦筋不轉彎、一條道走到黑、不撞南牆不回頭，甚至撞倒南牆還不回頭，為什麼？因為已經死在南牆下了。

　　舉例，粵菜有種好吃的飯叫「鮑汁撈飯」，你非得較真地去問廚師，鮑魚的比例是多少呀？你不告訴我我就不吃。他說，我的名字叫鮑汁，你不吃拉倒！

　　還有個故事，一個外地遊客到四川旅遊，在餐廳裡吃飯。

　　外地遊客：老闆，老闆！

　　老闆：什麼事？

　　外地遊客：這魚香肉絲怎麼沒魚啊？

　　老闆：魚香肉絲本來就沒有魚啊！

　　外地遊客：沒有魚還叫什麼魚香肉絲？

　　老闆：照你這麼說，你要是點個虎皮青椒，我還要去弄一張老虎皮？點個夫妻肺片，我不是要去殺兩個人？！

　　外地遊客：

這就是較真。

工作上有這種「倔強」的精神固然可貴，可生活不能時時事事都這樣，不然，誰還敢跟這種人交朋友？

僵化思考的人還容易產生被害妄想，跟周圍人的關係處於緊張敵對狀態，甚是苦惱。

諮商案例：

某女士，32 歲，已婚，企業財務人員。自述工作壓力大，緊張焦慮、疲勞失眠、易發脾氣，前來求助。問及根源，她說：上班時同事們總嫌我做事很慢，故意大聲喧譁影響我，經常在主管面前告我的狀，要不是我很小心，一定會被他們欺負和利用……

經了解，她所說之事毫無依據。長期以來她對別人都懷有敵意，且敏感多疑、嫉妒心重。

健康的心理一定離不開人格發展，人格發展需要具備有效的思考能力，僵化思考的人，內容往往是扭曲的。

本案例的個案究其形成原因，多數可能是嬰幼兒時期與父母關係欠佳，沒有得到父母足夠的接納與喜歡，尤其是未完成母嬰安全依附。

有一次，有個未婚女學員問我：什麼樣的男生適合當伴侶呢？

我說這個問題太廣泛，難回答。我不知道什麼樣的男生適合當伴侶，但我知道什麼樣的男生不適合當伴侶，就是凡

事堅持「我是對的」那種。

這種人僵化思考的種子已經長成參天大樹，他自己再沒有覺知自省的話，調整起來非常難，幾乎是一個無可救藥的致命傷。

「我是對的！」會上升為這種人的信念，造成的局面是「不肯改變」。他不會理會這樣下去給自己和別人帶來的後果，拒絕接受任何提醒、勸告和懇求，擺出一副「我就這樣了，你想怎樣不關我的事！」你要想跟我在一起，只能遷就我、適應我、接受我這個樣子。

他們不惜犧牲本來就脆弱的人際關係，葬送唾手可得的一次次機會，只為維護內心「我是對的！」那點可憐卑微的自尊。

所以，我跟那位女生開玩笑說，假如以後你不小心有了外遇，這種人會逼死你，絕無真心包容你的可能，彼此在一起會十分痛苦。

男人女人一起過日子，容貌容易適應，個性不容易適應。相貌一般的，時間長了，也能慢慢適應，很可能彼此還會越長越像。但像這種僵化思考的人，你如何適應他呢？

有這種人格缺陷的，情商都比較低，肯定地說他們自己也不快樂。心胸狹窄、處處樹敵，人際關係緊張，別人跟自己都不能同頻，對週遭充滿敵意和不信任。還特別自命不凡、自以為是，總想讓別人改變，自己卻死豬不怕開水燙。

你說難受不難受？

僵化思考的人怎樣調整自己呢？方法有四。

1. 彈力認知法

NLP（神經語言學）有個核心理念：凡事必有至少三種解決辦法。憑什麼誰的方法就必須是唯一正確的方法？工作中要允許存在不同的思路和嘗試，東方不亮西方亮，此路不通彼路通，旱路不通走水路，水路不通走蛇路，蛇路再不通就自己挖路，各有各路，反正沒絕路。電影《刺激 1995》（The Shawshank Redemption）裡的安迪想了那麼多條路都沒走通，最後不還是自己挖路越獄了？

有個老闆聽完我說「凡事必有至少三種解決辦法」，茅塞頓開，激動地說：「這句話很棒！以前我總覺得自己是老闆，大家都是幫我工作，遇到誰不同意我的做法就立刻皺眉頭，現在才知道僵化思考打壓了手下人多少好創意啊。」

2. 行為代償法

代償，就是代替補償。

簡單理解就是：一個目標得不到，可以繼續努力，但也可以適可而止放棄它，再換一個。

曾經有個轟動一時的新聞，大陸地區有個劉德華的女影迷，傾家蕩產追到香港非得見劉德華一面。劉德華不見她，她爸爸也被她逼得跳海死了。她如果用行為代償法就非常簡單：劉德華追不上就換金城武，金城武追不上就換謝霆鋒，

為什麼非得要追劉德華呢？

3. 敵意糾偏法

前面諮商案例中提到的女士，她認為別人都不可靠，卻自視正直純潔，於是嚴防死守，處於 24 小時警惕防禦狀態，生活在與現實脫離而自我誇大的被害妄想中，一旦被人誤解，立刻表現出憤怒的攻擊行為。

應經常提醒自己不要陷於「敵對心理」漩渦中。事先自我提醒和警告，處世待人時注意不要過於莽撞，這樣會明顯減輕敵意和舒緩情緒。作為那位女士，寧可直接或間接去確認一些客觀證據，也不要自己折磨自己，背地裡胡亂猜忌。

4. 認知調節法

斤斤計較、患得患失同樣是僵化思考。生活中的得與失是客觀存在的，但患與不患、糾結還是不糾結，卻是個人的主觀選擇（參考第 4 章）。

以上四個方法交互使用，可觸類旁通。

如果既有博士後的專業水準，又有老師傅的靈活思維，領導者就更有柔性的管理方式，員工就更有彈性思考能力。

百分百努力，但不預期滿分

　　幫心理鬆綁，做事盡百分之百的努力，但不做百分之百的預期。

　　什麼人不容易為自己心理鬆綁呢？完美主義。完美主義者的腦子裡遊蕩著一個「100％思維」的幽靈。完美主義的人喜歡苛求自己，也苛求別人，也最不容易對失敗做到豁達。

　　知足常樂、無慾無求是非常難的。陳伯崖說「事能知足心常泰，人到無求品自高」，有幾個做到了？

　　如果每項工作都要求自己像黑貓宅配一樣使命必達，也是非常難的。理論上說，也不可能件件使命必達。

　　比如早期我上課有個思考盲點，總希望自己的課每個學員都喜歡。可是每次總有人不喜歡的，我一度很糾結。後來我想明白了，學員不是我的親友團，就算是親友團，他們也有不高興的時候。我只要保證自己盡力了，你不喜歡是你的事，只能說明我們緣分未到。

　　每個人聽課的境界也不一樣。有的像沖涼，有的像搓灰，有的像三溫暖。

　　沖涼是每次都來，聽多少算多少，就像沖涼，隨便沖一下，總比不洗澡乾淨。

搓灰是直接把講師身上的技能技巧搓下來，生搬硬套、生吞活剝，回去攪拌攪拌馬上用。

三溫暖是籠罩自己在霧氣中，把汙垢蒸出來，從心裡長出新苗，舉一反三，自然使用，忘了講師。

如果一個學員態度上就是來打發時間的，把學習當成應付公務，我跟他怎麼能結緣呢？

於是，我後來就學會了這一招：我盡 100% 努力，不期待學員 100% 滿意。

不知足，也常樂。簡單地講，你可以盡 100% 的努力，但不一定得到 100% 的結果，也不做 100% 的預期。做任何事，天時、地利、人和缺一不可，還有時機、運氣和不確定因素。哪能盡在把控之中？

美國射擊運動員馬修·埃蒙斯（Matthew Emmons），有一段印象太深刻的賽史。

2004 年雅典奧運，埃蒙斯一路領先，最後一槍卻打在了旁邊希臘運動員的靶心上，正中 10 環。那次，埃蒙斯把金牌拱手讓給了其他國家。

2008 年北京奧運，他又來了。開頭還是一路領先，不勝唏噓的是最後一槍只打了 4.4 環，這回倒是沒打錯靶，但無功而返。埃蒙斯再次把金牌又大方地讓出去。

2012 年倫敦奧運，他依然倒在了「最後一槍魔咒」，只打了 7.4 環。皇天不負苦心人，老天總算讓他拿了塊銅牌。

他跟誰哭？只有抱著老婆哭。

你不能說埃蒙斯不夠努力吧？不能說埃蒙斯抗壓性太差吧？

還是那句老話，盡人事，聽天命。豈能盡如人意？但求無悔我心。

此外，在企業裡，總有人說這也不平等那也不合理。對企業的政策、薪資、制度、人事安排、職位升遷，也在苛求百分之百的平等合理。

員工可以透過恰當的方式和渠道，提建議給企業和上司，企業更要予以員工正向、積極的回饋，但如果天天躺著論平等、講合理，簡直太可笑了。

別說是人了，就連木頭生來也是不平等的。最好的拿來做小提琴了；差一點的做椅子；再差的刀劈了做免洗筷；最慘的莫過於做遺像相框了；最委屈的剛長出個頭就被山火給滅了。

有人含著鑽石出生，有人含著金鑰匙出生，有人含著稻草出生，有人什麼都沒含，咬著牙床出來的，最不幸的滿嘴淤泥出來，一出生就缺手臂少腿。

沒關係。上帝關上了一道門，一定會為你打開一扇窗。

上帝不是給你隱形的翅膀，就是給你堅硬的外殼，要麼就給你柔軟的肚皮。反正大家只要認真努力，都能活好。

完美主義者做事容易專注細節、吹毛求疵、鑽牛角尖，

難以體驗愉快情緒。一個人工作求完美，是一種優秀品質，但不能為求完美而失去效能和快樂。學會養成「達到 100% 結果高興，達不到 100% 結果也接納」的好心態。這種平常心起碼不會得強迫症。工作上求完美的人，生活中反而要放寬心胸、隨性率真，周圍的人壓力也不會太大。

對完美主義的認識也不能矯枉過正。

特別說明的是，像手術醫生、財務出納、樂隊指揮、建築設計師、飛行員等工作職位，恐怕必須完美主義者才能勝任，他們怎麼追求完美都不過分。

自我認知失調、A 型人格、僵化思考和苛求完美四類不良個性，是壓力最大的內在來源，也是幸福與快樂的宿敵。慢慢修練完善，向著「自信不自戀，頑強不偏執，謙虛不懦弱，出色不炫耀」健全人格之路進發。

第 8 章
與壓力和解的藝術

　　透過前面 7 章你可以了解到壓力的來源，也深諳時代的變幻，也知道了大腦減壓、認知調節、關係管理和情緒紓壓，還有不良個性是怎麼造成壓力感受的。

　　終於明白，壓力源是無法消失的。沒有一個人面對壓力是束手無策的，一定有辦法管理它。除非這個人狠下心來，永遠不允許自己過身心一致的日子。

　　壓力是價值的選擇。壓力往往源自於內心龐大的自我期待。你要選擇什麼樣的生活，那是你的價值觀，只需要為你的價值觀努力爭取好了，那麼多的抱怨牢騷，又有何用？

　　我觀察到很多七年級後半，以及八年級生因為支付不起高昂的房租，只能選擇住在郊區。每天擠火車、擠公車上下班，有時連個座位也沒有，將青澀的臉擠扁在玻璃窗上，貼身肉搏、皺眉咧嘴，體能和熱情每天消耗兩三個小時在擁堵漫長的交通上，工作激情和幸福感還能充盈嗎？

　　假如讓我去引導這些年輕人，我的內心也是矛盾的。是鼓勵他們堅持留下追夢呢？還是理性選擇過一個自己允許的生活？

　　我只能說，已然如此，我們就與壓力談一場戀愛吧。面對壓力，以壓化壓，學會跟壓力要一個結論。不僅要理性減壓，更要理性增壓。

不如以壓制壓，立即行動

有一次，我在一家茶餐廳聽到兩個女孩的一段對話：

一個問另一個：「在辦公室做得好好的，為什麼來這裡洗碗呢？」

另一個嘆了口氣：「唉！公司倒閉了，一時間找不到好工作，先打工賺點錢啦。」

老百姓的語言充滿了正能量。馬死落地行 —— 本來是有馬騎的，現在馬死了，怎麼辦？自己光腳跑囉。無奈中透著果決，失落中撐著堅毅。這就是一種重燃工作熱情的態度。

「星星點燈，照亮我的前程」，光勵志不行動，這不行，還要邁腳向前。陽光心態不是天天躺在床上想好事，該努力還必須努力。一手抓心態，一手抓行動。

工作中我見過太多的人，想得多，問得多，做得少；不但做得少，嘴巴還很能講，說空話找藉口也很擅長。

多年前，有部電視劇的主題曲歌詞是這樣的：

千萬里我追尋著你

問我到底愛不愛你

可是你卻並不在意

Time and time again I ask my self

熱情已被你耗盡

問自己你到底好在哪裡

我今生看來注定要獨行

我已經變得不再是我

Time and time again you ask me

可是你卻依然是你

什麼問題經得住千萬次地問呢？那不是越問越憂鬱了嗎？與其這麼有完沒完地問，不如唱首歌，以壓制壓，儘快行動。

踩著自己的步調走出自己的道路

「如果你要嫁人，不要嫁給別人，一定要嫁給我。帶著你的妹妹，帶著你的嫁妝，坐著那馬車來……」

早期我聽王洛賓〈達阪城的姑娘〉這首民歌，內心就特別嚮往，這是哪裡的風俗呢？還有這等好事？

培訓中總有男生寫紙條給我，說最大的壓力是買房還貸，因為女方說沒房子就不能結婚（可能是「女方的人們說」）。

所以，男生總抱怨女孩子擇偶太現實，說愛情變成了交易，談感情傷錢。我說與其有抱怨的時間，你不如想辦法去賺錢。能被錢綁住的愛情，算是不錯的。就怕連錢都綁不住了，那才可怕呢。

達阪城的姑娘已然成傳說，你就別再把傳說當被窩。你已經知道今天的姑娘一定跟你講條件，你就去創造條件跟她講。

除此，你還有更好的辦法嗎？

經濟壓力大，抱怨也沒用。你能哄騙女朋友，未必能哄騙丈母娘，因為丈母娘已經吃過一次虧了。

話說回來，凡事都不宜太極端。

越是家境平凡的人反而更要節儉和理財，更要有遠見和

耐心。先做一個務實的勞動者，培養自己實事求是的「成功觀」。不要被社會上那些渲染成時髦大英雄的「成功人士」弄得失去初心，更不能靠巧取豪奪、違法亂紀走所謂「成功捷徑」。

　　每個人都有能力在自己的領域內，在不同層次和程度上做出成績。我認為，踩著自己的步調走出自己的道路，不斷超越自我，就是成功。

自我超越，迎接成果

最近我看一個介紹航空母艦作戰的影片，突有感悟。

航空母艦戰鬥機的起飛和降落跟在陸地上完全不同。戰鬥機在陸地起飛需要漫長的緩衝，而在航空母艦上起飛速度必須 2 秒鐘內從 0 提速到 288 公里／秒；在陸地降落必須提早減速，最終才能穩穩地停在跑道上，而在航空母艦上降落絕對不能減速，從底輪貼到甲板跑道至徹底停穩，幾乎是在 2 秒之內完成的。

靠什麼？起飛靠的是彈射器，降落靠的是攔阻索。

彈射器依靠巨大的活塞動力把重達 25 噸的戰鬥機瞬間「射」出去，一旦失誤，必墜大海，機毀人亡。

攔阻索有 4 根，飛機降落時必須剎那間「勾」住其中的一根，一旦脫鉤，飛機在甲板另一頭可急拉上升，繼續飛行。

顯然，彈不出比勾不住更危險。

有些人就是怕這怕那，沒有後勁，也沒勇氣把自己彈出去，不敢跟壓力要一個結論，更不敢對團隊和上司公開承諾。明知道拖延下去更危險，憑僥倖心理逃避壓力，結果壓力更大。

怎樣把自己「彈出去」？以下四個思路供參考。

思路一、不留太多空隙給自己

我聽過一個很不錯的故事。

有一位受過多次情傷的老小姐是警察局令人頭疼的人物，因為她總是三番五次打電話到警察局，說她床底下有一個男人。最後，她被送到了精神病院。

醫生給她服用了最新藥物，過了幾週，醫生與她進行會談：「小姐，你現在還會在床下看見一個男人嗎？」

「不會了。」她說，「不過，我現在看到兩個男人。」

醫生沒方法了，只能用偏方。他決定讓醫院一個做粗重工作的木匠去老小姐房間試試。

醫生對木匠說：「你們會被單獨鎖在她房間一小時，你想做什麼就做什麼。」木匠說：「不必那麼久吧。」於是，一群好奇的人都伸著脖子在門外聆聽房內的動靜。只聽房內傳來對話。

「不！混蛋，停下來！我媽媽知道非打死我不可。」

「閉上你的嘴！這事遲早要做，早就該做了。」

「你的方法就是靠蠻力嗎？」

「你要是有丈夫的話，本該他做的。」

門外的人再也等不及了，他們破門而入。

「我已經治好她了。」木匠說。

「他治好我了！」老小姐說。

木匠把床腿砍斷了。

這個木匠做得很對。處理壓力的辦法也許很簡單，但有人就是心魔作怪，經常做些無用的事。把床腿給砍了，看那個男人躲哪裡？那個「男人」就像我們常常說的「壓力」。不留空隙給壓力，把壓力逼出來，以壓抗壓，而不是總躲著它、幻想它。

我自己就是個不給自己過多空隙的人。

就拿寫作這本書來說吧，編輯問我多久能寫完？我認真想了一下，說「兩個月！」沒有「吧」。我要說半年寫完，編輯也絕對不會殺了我。但寫書這種事，一旦決定就不要拖延。寫書需要大把時間，集中精力一氣呵成。假如說半年寫完，就很可能拖成一年，能拖一年，離拖兩年就不遠。明日復明日，哪日算後日？主要是這樣拖下去，寫書的心情早就拖到沒有了。

逼自己要結果。不逼自己，你還真不知道自己有多優秀。

以《超級星光大道》作為例子。曾看過一篇報導，說很多選秀節目邀請那些早已成名的歌手參加電視 PK，無一例外都遭到拒絕。

那些歌手根本不缺錢，為什麼要去跟七年級生、八年級生的歌手同臺 PK？為什麼要讓普通觀眾來評分？ PK 贏了尚好，萬一被淘汰，實在是太丟臉了！

頂著如此巨大的精神壓力，一批批著名歌手最後依然選

擇了挑戰。挑戰值不值得呢？當然值得！不說別的，就看他們今天商演的費用和廣告代言的費用吧，你覺得是升了還是降了呢？

從觀眾的角度看，那些歌手可以完美演繹那麼多不同類型歌曲，一次次挑戰高難度演唱技術，恐怕連他本人也始料未及。這就是壓力之下，人的潛力具有無限開發的可能。

思路二、有能力，少壓力

我們經常在電視上看火箭發射，這對理解工作能力與壓力關係有很大啟發。

火箭點火升空的一瞬間，巨大的反作用力猶如排山倒海。火箭要經過「助推器脫落，酬載護罩分離，有效載荷與火箭分離」，才能被送入太空預定軌道，擺脫地心引力，輕鬆飛翔。

這就好比有的人因為害怕壓力，不敢主動挑戰壓力，或失敗後不敢再嘗試，造成工作能力總是停留在火箭升空前的準備階段，始終無法把自己升上去，連大氣層以外都飛不上去，更不能輕鬆在太空飛翔。越是這樣，隨著年齡增長和企業要求越來越高，今後的壓力反倒越大。

從這張《抗壓成長曲線圖》上，可以清楚地看到：你對自己要求更高，成長就更快，適應壓力的能力越強，表現就越好。他人對一件事感到沉重，你卻能快樂以對；他人感到負累不堪，你卻能有高峰經驗。隨著上面的半圓「更寬更高更粗」，你不僅是抗壓達人，競爭力更強，也更快樂了。

抗壓成長曲線圖

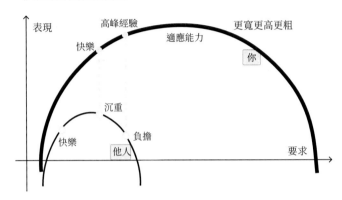

心理學家威廉・詹姆斯（William James）寫過一個「自尊公式」。

$$自尊=\frac{能力}{慾望}$$

我的建議是，趁年輕，拚命提升工作能力；人到中年，逐漸降低欲望。這樣才活得比較快樂。

假如年輕時好吃懶做、撿輕怕重，不是今天頭痛，就是明天腰痛，再就是後天渾身哪都痛。不敢突破，害怕挑戰，遇到問題就抱怨，把責任總往環境和他人頭上推。這怎麼能行？

我家樓下有間「啤酒吧」，幾乎每天凌晨三點我如廁時，都能聽到一幫年輕人還在快樂暢飲、語無倫次。他們的時間太富裕了。

　　我有時杞人憂天地想，他們今晚喝吐的啤酒，會不會變成後天的眼淚？

　　哲學家蒙田（Michel de Montaigne）說得好：如果結果是痛苦的，我會極力避開眼前的快樂；如果結果是快樂的，我會百般忍受眼前的痛苦。

　　哈佛大學有句校訓：我荒廢的今日，正是昨日殞身之人祈求的明日。

　　中文有三個最悲傷的句式：「我本來也可以做到的」、「其實這一生我也曾有過很多機會」、「早知道……就好了」。

　　每個人都有無限潛能，只是太容易被惰性和恐懼所遮蔽所消磨。

　　萬丈紅塵、芸芸眾生、熙來攘往、摩肩接踵，抬眼望去，恰似一江人頭向東流。

　　誰不想贏呢？贏財富、贏地位、贏聲望、贏機會、贏時間、贏資源、贏人脈，贏健康，贏高帥富、贏白瘦美、贏永垂不朽。

　　越是窮人家的孩子，越要想辦法去爭取資源。因為東方人太多，資源有限。窮人起點本來就低，再不起早貪黑快點跑，豈不是永遠掉進窮窩裡了？

　　有能力，少壓力。建議做到四個一點。

　　（1）比別人多做一點

　　「給多少錢做多少工作」絕對是窮人思維，這個心態最

要不得。在一個公司裡，難免有突發事件或緊急任務，總得需要有人臨時加班，付出更多。再如，一場活動辦完，最後哪些人自願留下來做收尾工作，其實老闆上司看得很清楚。

（2）比別人做得認真一點

在條件允許的情況下，把重要的事都盡量做到完善，讓精益求精變成做事習慣。人只要肯用心，認真起來就沒有做不好的事。有些人要麼個性中缺少力求完善的特質，要麼走向另一個極端，凡事瑣碎苛責，效能太低。

（3）比別人更忍耐委屈一點

所有職場打拚的人，委屈是一定有的。月收入中的10％是「委屈獎」，會一直頒發下去。只要不涉及大是大非、侮辱人格的事，有時自以為是一下也未嘗不可。有的人心態更了不起：合理的要求是訓練，不合理的要求是磨練。

（4）比別人更善於合作一點

一個清高孤傲、自以為是，與團隊格格不入的人，在組織中難以容身。團隊合作既是個體優勢互補，也是向他人學習的機會，正所謂「集眾人之長才能長於眾人」。合作只會令職業安全感更高，實力強壓力就相對小，工作幸福感更好。

思路三、有目標，對自己有交代

一個人家庭條件不好，起點低，笨一點，其實都沒關係。最怕那種沒有目標，沒有夢想，不知道自己要什麼的

人，或者知道自己要什麼，卻放不下架子、拉不下面子、捨不得身子，不想給自己一個交代的人。你相信他對別人會有責任心和使命感嗎？

現在有些八年級生的員工，也不是不想賺錢，但總想賺那種「輕鬆體面的快錢」，這個想法是個錯誤。

誰都知道，能上金字塔頂端的有兩種動物 —— 鷹和蝸牛。

假如一個人很聰明、天資好、背景好、資源好、運氣好，又善於抓機會，我叫他們鷹，飛上頂端是令人羨慕的。

但你不是鷹，怎麼辦？當蝸牛也可以。「蝸牛背著沉重的殼，一步一步地往上爬」。連黃鸝鳥也會在一邊嘲笑你。攀爬過程中你是孤獨的，會不會掉下來？會。有時還摔得很慘。不過不要緊，只要有好的韌性，相信自己選擇的目標是金字塔，而不是稻草堆。

在金字塔的斜坡上每爬一步，你都能從容地看到不一樣的風景。不像鷹總是匆忙地去追逐更多的風景，因為得來太容易，就錯過了當下更動人的風景。

為目標而奮鬥的人有幾個好處。

（1）始終為填滿實現的理由給予希望。

（2）合理有效地利用時間。

（3）是規劃人生並賦予生活意義的過程。

（4）活得更有自尊和自信。

（5）有能力應對隨時的困難和危機。

曾國藩說，生命如同流星劃過，理當奮力閃爍一次。

世上哪有什麼工作是好做的？比如，我發現，古今中外，沒有一部偉大的文學名著是在五星級飯店、豪華別墅裡寫成的。不是在陋巷，就是在破廟，要麼在牢房，要麼在病榻，要麼在無盡的傷痛與屈辱中完成。生命，只有超越和昇華，才不負光輝歲月。

爾曹身與名俱滅，不廢江河萬古流。

智者與凡夫的最大區別是什麼？智者知道「一輩子」的含義，凡夫不知道什麼叫「一輩子」，以為自己有很多「輩子」，所以不斷犯錯，不斷歸零，不斷從頭再來，直到一事無成。

對自己有交代，就是昇華生命的第一序曲。

思路四、找一個人逼自己執行

有的人不是沒有能力，也不是沒有想法，而是沒有自律，沒有節制，兩個字：欠管。因為這個問題，弄得自己一身壓力，還一而再再而三原諒自己、縱容自己，陷入一種死循環。

網路有兩首新詩，把這種缺少節制的人勾畫得唯妙唯肖。

其一：《醉酒詩》──

不去不去又去了，不喝不喝又喝了。

喝著喝著又多了，徘徊徘徊回家了。

回家進門挨罵了，伴著罵聲睡著了。

睡著睡著渴醒了，喝完水後又睡了。

早上起來後悔了，晚上有酒又去了。

其二：《減肥詩》——

不吃不吃又吃了，吃著吃著又渴了。

來瓶可樂又喝了，連吃帶喝又多了。

回到家裡後悔了，下次再也不吃了。

悔著悔著又困了，困著困著又睡了。

頭沾枕頭呼嚕了，一覺夢到飯好了。

起來肚子又餓了，聞到飯香又吃了。

晚上飯局又去了，反正不差這頓了。

在第一個思路裡，我說「不逼自己，你還真不知道自己有多優秀」。可有的人就是對自己狠不了心，怎麼辦？只有找別人，甚至求別人對自己狠心。這個人最好別是父母，他們很難下手。

這個人最好是自己上司，直屬上司。請上司逼自己執行，最好採用一點軍隊管理模式。

因為說到執行力，恐怕沒有一個組織的執行力比軍隊更強了。

軍隊創造的文化氛圍主要是「家庭管理模式＋言傳身教」。這個上司身上要具備四大特質：以身作則 —— 表

率，雷厲風行 —— 督查，精心創造 —— 妙招，激勵士氣
—— 嚴格。

比如說第四點「嚴格」。軍隊嚴格的「格」特指情、理、
法，就是分寸感，得體又有效能，按章法又拿捏火候。

除了嚴格，還要嚴明，「明」指當上司的自己要是個明
事理的人，明確下屬犯錯的原因和事實，更懂得用韜略批評
下屬（參考第 5 章《批評：情感帳戶圖》）。

還要嚴細，「細」是從下屬的點滴小事抓起，逐步規範
引導。好比鞋裡的沙子，不清理掉，雖然很小，但一定影響
你走遠路。細，更包括使用不同的溝通方式解決不同性質
的問題。

更要嚴久，「久」不是隨隨便便的一陣子，執行再小的
任務都如扎扎實實的一座山，不似飄來晃去的一陣風。

從嚴格、嚴明，到嚴細、嚴久，既以人為本，又尊重規
則；既外化教育，又內化習慣；既彰顯感召，又引導成長。
而這種「嚴」字系列的「軍隊激勵模式」，可以有效避免企
業那種缺乏人性的、程式化的、短視化的「嚴苛」。

一個可信、可親又可畏的上司，秉持著發自內心培養下
屬成長的動念，即使很嚴厲，下屬能不心甘情願執行嗎？這
樣的下屬被訓練成十八般武藝樣樣精通的特種兵，才能真正
從壓力那裡有所獲益。

第 9 章
結語 ── 工作中的心流體驗

擁抱挑戰，高峰經驗

聽過管理課程的人，大概都熟悉心理學家馬斯洛的需求層次理論與自我實現理論，我個人更看重他的「高峰經驗理論」。

高峰經驗，是一種心理瞬間產生壓倒一切的極度超凡的幸福感。高峰經驗常常是瞬間即逝的。人無法一直處於欣喜如狂或如醉如痴狀態，就像爬山爬到頂峰後卻不會久久停留，頗似禪宗裡的開悟。

馬斯洛認為，要捕捉這一時刻並不容易，就像你無法把彩虹捕捉到罐子中一樣。這種忘我境界時刻，是無法用錢買到的，是無法保證的，甚至是神祕的、可望而不可及的。但是人們可以創造條件，獲得高峰經驗的可能性就大一些。

莊子在《養生主》裡談過一個廚師，其實也不算廚師，就是個屠宰場工人。

厄丁為文惠君解牛，手之所觸，肩之所倚，足之所履，膝之所踦，砉然響然，奏刀騞然，莫不中音。合於《桑林》之舞，乃中《經首》之會。

就是說他拿起刀，手放哪裡，肩膀往哪裡抵，腳踩在什麼位置，膝蓋頂到什麼範圍，都很有講究。姿勢擺好後，噗哧一刀進去，稀里嘩啦，啪啪啪幾下，毫不費力地愣把一頭

牛從它的骨架上卸了下來，這叫遊刃有餘。動作美極了，像歌舞一樣，符合音樂節拍，富有舞蹈節奏感。

把一種笨重血腥的體力勞動描繪得如此藝術化、浪漫化，實在罕見。我一度懷疑莊子是個大騙子。

莊子還意猶未盡，說庖丁做這項工作熟練到什麼程度呢？19 年不換刀、不磨刀，一把刀竟然解了幾千頭牛。

還不止於此，莊子似乎在問我們：「你們光看庖丁出神入化像變魔術，他本人的心裡又在想什麼呢？」

謋然已解，如土委地。提刀而立，為之四顧，為之躊躇滿志，善刀而藏之。

意思是等到牛體全部分解，就像是一堆泥土堆放在地上。於是他提著刀站在那兒，為此而環顧四周，為此而躊躇滿志，這才擦拭好刀收藏起來。

莊子當然還要關注庖丁的大老闆文惠君的感受，他會怎麼看庖丁這一手絕活呢？

文惠君曰：善哉，吾聞庖丁之言，得養生焉。

文惠君說：「太厲害了！聽他的一番話，我從中得到了養生的啟發。」

莊子不完全是個大騙子，他寫庖丁解牛是有生活依據的。

有一組在地下埋了 2400 多年編鐘，音色依然不改，能演奏出美妙樂曲《東方紅》。一把刀為何就不能用 19 年呢？

況且牛的骨節與骨節之間確有空隙，厚度近乎於零的刀刃完全可在其中遊刃有餘呀。

上學時，國文老師總結《庖丁解牛》的中心思想，說了「熟能生巧、遊刃有餘」兩個成語。

國文老師自己也未必真正領會了莊子，我覺得還要加一句：一份平凡而乏味的工作，只要做到極致，就會產生馬斯洛說的那種高峰經驗。

美國心理學家米哈里·契克森米哈伊（Mihaly Csikszentmihalyi）提出一個簡單明確的幸福標準：人們在從事具有挑戰性，但可掌握的任務時，會受其內在動機的驅使，同時他們會經歷一種獨特的心理狀態 —— 心流（心流）。

這種工作時高度的沉浸體驗，也是正向心理學之父馬丁·塞利格曼倡導的「幸福五個要素」（PERMA）中的「投入」，它具有心流的五種感覺。

（1）高度關注，物我兩忘，自我意識暫時喪失。

（2）有自主性，有控制感。

（3）感覺定能做到，挑戰與能力平衡。

（4）心馳神迷，忘記時間存在。

（5）爽然若釋，完美至極。

根據這種感覺，冥想、打坐、瑜伽、唱歌、下棋、飛行、演奏樂器、藝術創作、欣賞作品、忘我工作等，這些活

動都很接近強烈的心流。

打死我都不信庖丁是先學會愛上宰牛這個工作，然後再慢慢適應，而後就產生心流了。我寧可相信，他本來也不太喜歡宰牛，但做著做著，找到了一些規律，發現了很多竅門，獲得了一些認同，感到了很多樂趣。漸漸地，宰牛已不再是謀生的手段，刀光血影中竟然也充滿了詩情畫意和陶醉感，心流就出現了。

米哈里‧契克森米哈伊認為，心流僅發生於「高」技能與挑戰性二者呈現和諧狀態之時。

想心流，所做的那份事情一定要有挑戰，同時要有自己的技巧。只有挑戰沒有技巧，會有挫折感；只有技巧而沒有挑戰，會有無聊感。只有挑戰和技巧達成完美統一時，才會產生比較強烈的心流。

可以想像，在第4章開頭說的奔牛節上，一個男人勇於挑戰，被暴躁的公牛追得屁滾尿流，但憑著高超的技巧和膽識，最後他成功逃脫，毫髮無損，那種感覺就是心流。相反，技不如牛，被公牛撞成骨折，躺在醫院打石膏，那種感覺恐怕不心流了。

小時候我喜歡玩套圈圈，目不轉睛、聚精會神，忘了吃飯上學的那種。如果有一次全被我套中，我還是不會收手。我會再買10個圈，自動後退半步，主動挑戰自己，接著套。為什麼我會主動後退半步？是有人要求我的嗎？不是。

說明人類只要做自己喜歡做的事，本身就具有自我挑戰的天性，不需要別人督促強迫，而且很容易產生心流。

就像我寫這本書的過程中，雖然有時累得腰椎椎間盤突出，但只要想到成績也很突出，感覺就很心流。

為什麼今天那麼多人一上班就感到壓力大呢？可能是本身就不喜歡這份工作吧，不想挑戰，或認為不值得挑戰，所以就不想去提升什麼工作技巧，更不想主動創造什麼樂趣，如老牛拉破車，苦苦掙扎。那種苦澀謀生的怨婦心態，把工作當負擔和煎熬，上班的心情如上墳的心情一般沉重，週一早上就熱切期盼週五快點來，職業倦怠、情緒耗竭，一輩子都沒能把工作做到駕輕就熟、行雲流水，其實很不勝唏噓！又怎能像庖丁一樣獲得工作中的心流呢？

在所有的壓力中，最危險的是無力自主的感覺 ── 對一件事情完全沒有控制感，不知道情況會有多糟糕，痛苦將持續多久。一個厭惡工作的人，幾乎就喪失了所有的控制感，反而是壓力最大的人。

有些人缺乏理性的職業心態，眼高手低、德淺能差。總幻想這樣的工作：錢多事少離家近，位高權重責任輕。睡覺睡到自然醒，數錢數到手抽筋。

這樣的工作，有嗎？如果有，請儘快告訴我，我也想找。

到頭來恐怕睡覺睡到腳抽筋，數錢數到自然醒。怎麼回

事？做夢吧！

我們要向庖丁師傅學習，高唱心流歌，快樂去工作。他庖丁解牛，我們庖丁減壓 —— 用心流減壓。

日本高僧鈴木正三說，任何職業裡都有道，都是一份天職，都是在修行，都是在悟道，因而都是莊嚴神聖的。像《送行者：禮儀師的樂章》裡的大悟詮釋的那樣，對工作多一份敬畏，才多一份心流。

與苦樂共舞，享受人生

　　本書第 3 章，我利用林黛玉開了玩笑，幾乎把她當職場反面教材。反觀金陵十二釵中的史湘雲，算是一個樂觀積極、懂得感恩的職場達人。

　　《紅樓夢》判詞這樣描寫她：富貴又何為？襁褓之間父母違；展眼吊斜輝，湘江水逝楚雲飛。所謂「阿房宮，三百里，住不下金陵一個史」，指的就是她家。

　　她生下不久，就失去父母慈愛，淪為孤兒，在叔嬸跟前長大，叔嬸待她也不怎麼樣。雖然富貴而無人關心，從小沒得過溫暖。到大觀園來，是她最高興的時刻，她又說又笑，又活潑又調皮。

　　在大觀園的女兒們當中，彼此處境最相似的就是黛玉和湘雲了。她們同樣是寄人籬下，有著「同是天涯淪落人」之相惜，從凹晶館連詩來看，她們也是惺惺相惜。

　　湘雲向黛玉解釋了一番凹晶館的來歷，就開始幫黛玉心理輔導了：「哎，你是個明白人，何必自苦呢？我也和你一樣，可我就不像你那麼心窄。何況你又多病，自己多多保養才是。」

　　人們喜愛史湘雲，因為她沒有林黛玉的清幽哀怨，沒有薛寶釵的世故圓滑，更沒有王熙鳳的刁鑽狡點。她對人和事

都表現出積極的熱情，無所顧忌的大笑，直言快語的爽朗，就算下巴脫臼了還會笑，善解人意，人格健全，聰穎樂觀，才華橫溢，可謂真名士自風流。

無論職場還是生活，無論物質還是精神，無論思想還是情感，今天人們的各種壓力都很大。掌握壓力管理的思想理念和心理技術固然很重要，但樂觀積極的人生態度更重要。樂觀積極的人總能技高一籌，總能面對重重壓力，欣然邀壓力一起跳雙人舞。

樂觀的人身心更健康，更善良，更長壽，人際關係更圓融，更容易遇到貴人幫助，更多得到資源和機會，抗壓性更強，賺錢更多，家庭也更幸福。樂觀的人更容易感恩他人，也更願意幫助他人。

感恩具有強大的心理功能。它有利於體會生活中最美好的經歷，提升自我價值和自尊感，減輕壓力和傷痛，培養仁德的品行，建立人與人之間的新情感新關係，對未來和希望更憧憬。懂得感恩的人，內心憤怒、痛苦、焦慮、自責和貪婪就會更少，生活總體滿意感更高。

那麼，如何培養感恩的心呢？

簡單地說，寫「感恩日記」，感恩人和事，頻率自定，字數不限。寄出去，也可以不寄出去。

如果想效果更明顯，不妨多做點工作，具體是「感恩八步」。

．人寫一封感恩信給你要感謝的，約 500 字。

．親自遞送給他／她。

．明確回顧他／她為你做過的事，具體一點更好。

．這件事是如何影響你的。

．讓對方知道你的現狀，你又是如何經常想到他／她的言行的。

．如有可能，親自去拜訪他／她，當面慢慢地把信唸給對方聽。

．觀察對方的反應，體會自己的感受。

．再討論信的內容，交流彼此感情，留下信件。

有時候，不見得就是向本來就樂觀的人學樂觀，那不一定真學到，而是向那些被生活侮辱和損害了的人學樂觀。

一個人樂觀還是悲觀，在其生活一帆風順的情況下，似乎也沒多大影響。樂觀在什麼情況下才真正發揮作用呢？在遇到挫折和磨難時。這在電影《美麗人生》（La vita è bella）中有深刻的解讀。

我有一位堂弟，讀書時跟我住同一個宿舍。14 年前不幸患了尿毒症，後來好不容易借錢換了腎。但換來的腎畢竟是別人的腎，無法長久在體內工作，眼下他要面臨第二次換腎。但談何容易？到處都缺少腎源，還必須匹配成功方可有機會換腎。現在堂弟每週必須去醫院洗腎三次，一次都不能中斷。

　　14 年裡，常人吃喝玩樂的事，我堂弟都沒辦法做，生活品質大打折扣。在妻子的幫助下，他忍常人不能忍、行常人不能行，讓自己一直樂觀積極地活著。他還開了一間工廠，不但還清了所有債務，解決了十幾個家庭成員的就業，還在都市買了兩套房，送女兒到日本留學。

　　有時，當我感到壓力很大、身心俱疲時，就常常拿我的堂弟做榜樣，學習他的樂觀，激勵自己笑傲挫折、超越艱難。

　　一個心態過於消極的人，不但容易感受到負面情緒，還經常充當負面情緒的傳染源。我建議他們勇於把自己置身於極端的環境下重新思考。比如去醫院走走，尤其是重症病房，會發現很多癌症晚期患者比我們想像的更樂觀。這難道不令人震撼嗎？

　　極端是認識常態的鑰匙。能接受極端，接受常態就不在話下。對那些過於爭名奪利、斤斤計較的人，和因「貪嗔痴」而一身煩惱的人，乾脆建議他們直接去墓地思考。不去墓地思考，就難以領會什麼叫「青塚多埋紅粉骨，黃泉半是黑頭人」，更不懂什麼是「縱有千年鐵門檻，終須一個土饅頭」。就算一個人官高一品、富有萬鐘、名喧朝野、功蓋乾坤，算是超級成功者了吧？最後也還是三寸氣斷，一火洞然。收得一撮冷灰，埋向一堆黃土。日暮狐狸眠塚上，夜闌兒女笑燈前。

電影《非誠勿擾》片尾曲唱到：「喝了交杯，幻覺好美。甜蜜方糖，跳進苦咖啡……」無論是工作生活，人生總是苦樂參半、此消彼長。沒有長久的樂，也沒有永遠的苦。

就像歌裡唱的「有愛就有恨，或多或少；有幸福就有煩惱，除非你都不要」。要幸福就得要壓力，壓力本身也是一種苦。也許幸福之中必須包含苦吧。看到苦比看到樂更深刻，能面對苦是心智成熟的標誌。只有面對苦，才能超然苦外，才能離苦得樂。能苦中作樂、以苦為樂，更是了不起。

人，到底是把自己放在萬物之內還是放在萬物之外呢？人看海岸線的時候，都覺得那條線把海洋和陸地分開了，其實它把海洋和陸地連起來了。

世上最早研究壓力管理的是釋迦牟尼。在無量劫以前，有一千位王子誓願成佛，其中只有一位如願以償，他就是釋迦牟尼。

當時釋迦牟尼也認為，這個世間有很多的不完美，但是一直不知道苦的根源，自然也就無法知曉治苦的方法。

於是他捨棄王位，獨自跑到大山裡不食人間煙火，他想修掉心中的「八苦」—— 生苦、老苦、病苦、死苦、愛別離苦、怨憎會苦、求不得苦、五陰熾盛苦。苦修了 6 年。修成了嗎？沒有。還差點餓死。

離苦得樂的路真是漫長啊。

回想我自己在外縣市多年，回首看來都市闖蕩的人們，

都懷抱著各種夢想洶湧而至，一次次擠進這個口密度高的地方。物競天擇、適者生存，成為都市叢林裡最嚴酷而無法逃避的法則，逼迫著所有的遷徙者頂住各種生存壓力，拼盡渾身的能量，甚至無所不用其極，來改寫自己的命運。

這座美麗的城市，常常讓我想起美國紐約自由女神像底座上的銘文——

歡迎你，可憐的人們。

那些疲乏了的和貧困的，把這些無家可歸的

擠在一起渴望自由呼吸的大眾，飽受顛沛的人們，

那些熙熙攘攘的，被遺棄了的，一起交給我。

無論您今天是走著躺著，還是跑著飛著，還在追趕夢想的路上，我都深深祝願您與壓力共舞。來吧！盡情舞動，譜寫一曲心靈富足的幸福樂章。

後記

作為一名有十多年授課經驗的講師，我深知寫書和講課不一樣，聽課和看書更不一樣。

講課更像口述語言與聽覺感受的結合，一次就過。寫書就得字斟句酌、反覆了。

寫書或許只是一種願望和衝動，很想把學習心理學的心得呈現出來。但真到動手行文時，又覺思想匱乏、詞不達意。不僅要把學到的東西反芻萃取，還要有自己獨到的思考。

有時為了兩段話之間一個承接的句子怎麼寫，要思考良久也未必如願。晚上關燈後睡不著，突然想到一句精彩的話，立刻摸黑拿鉛筆記在枕邊的便條紙上，深怕早上醒來又忘了。

寫一本讓專家點頭、群眾鼓掌又能搞笑的書，實在太難。

畢竟我還不具備深厚的心理學理論功底，書中很多觀念和方法只是一家之言，難免失之偏頗。隨著自己對心理學的繼續深造，有待日後更力嚴謹地修正。

最後更要感謝諮商和課程中，尊敬的個案和曾給我遞

上 2,000 多張紙條的學員們。他們對我的幫助可能遠勝於我對他們的幫助，我從他們身上也學到了很多。書中的案例已使用了化名，但他們的信任讓我銘記於心，我會更堅定地探索壓力管理與心理健康，以便更好地服務他們，跟他們一同成長。

李世源

電子書購買　　　爽讀 APP

國家圖書館出版品預行編目資料

共療時代！釋放壓力，戰勝慢性疲勞與集體焦
慮：諮商案例 × 實驗研究 × 電影解析 × 職場
觀察，一場集體與個人的心靈復甦之旅 / 李世
源 著 . -- 第一版 . -- 臺北市：崧燁文化事業有限
公司 , 2024.04
面；　公分
POD 版
ISBN 978-626-394-110-6(平裝)
1.CST: 壓力 2.CST: 抗壓 3.CST: 情緒管理
176.54　　113002841

共療時代！釋放壓力，戰勝慢性疲勞與集體
焦慮：諮商案例 × 實驗研究 × 電影解析 ×
職場觀察，一場集體與個人的心靈復甦之旅

臉書

作　　者：李世源
發 行 人：黃振庭
出 版 者：崧燁文化事業有限公司
發 行 者：崧燁文化事業有限公司
E - m a i l：sonbookservice@gmail.com
粉 絲 頁：https://www.facebook.com/sonbookss/
網　　址：https://sonbook.net/
地　　址：台北市中正區重慶南路一段六十一號八樓 815 室
Rm. 815, 8F., No.61, Sec. 1, Chongqing S. Rd., Zhongzheng Dist., Taipei City 100,
Taiwan
電　　話：(02) 2370-3310　　傳　　真：(02) 2388-1990
印　　刷：京峯數位服務有限公司
律師顧問：廣華律師事務所 張珮琦律師

定　　價：350 元
發行日期：2024 年 04 月第一版
◎本書以 POD 印製
Design Assets from Freepik.com